Classiques & Contemporains

Collection animée par
Jean-Paul Brighelli et Michel Dobransky

D0752382

Poe, Gautier, Maupassant, Gogol
Nouvelles fantastiques

Présentation, notes, questions et après-texte établis par
SYLVIE HOWLETT
professeur de lettres

MAGNARD

Sommaire

Après-texte

LE FANTASTIQUE

Le fantastique naît à la fin du XVIIIe siècle, comme une révolte après deux siècles de Raison triomphante. Le classicisme prônait l'ordre et la mesure ; le rationalisme des Lumières condamnait l'imagination au profit des sciences.

En Angleterre, des romans font exploser les règles de la raison et du bon goût. Le mot « romanesque » (*romantic*) donne le ton à un mouvement, le romantisme, qui va s'étendre au continent. Les romans gothiques de Walpole (*Le Château d'Otrante,* 1764), de Radcliffe (*Le Confessionnal des pénitents noirs*, 1797) et de Lewis (*Le Moine*, 1795) lancent le genre fantastique. Leurs intrigues se situent dans des manoirs isolés, des couvents inquiétants, des landes sinistres. On y rencontre des jeunes filles séquestrées, des moines pervers et l'ombre du Malin.

Le mot *fantastique* vient du grec *phantastikos*, formé sur *phantasia* (« apparition, imagination »). Cette étymologie souligne le rôle ambigu de l'image. Ce qu'on voit existe-t-il vraiment ou provient-il de l'imagination ? Tout réside dans cette incertitude. Les écrivains fantastiques puisent dans la religion une inspiration démoniaque : les crimes de l'Inquisition, les fantasmes de l'enfer. Du *Frankenstein* de Mary Shelley (1817) au *Faust* de Goethe (1832), la figure de Satan s'impose. Par la suite, le Diable se fait plus intime : il habite le cœur même des héros.

Edgar Allan Poe (1809-1849), romancier américain (traduit par Baudelaire), perd tôt ses parents, puis sa femme. Désespéré, il sombre dans l'alcool, les délires et la misère. Aux *Aventures d'Arthur Gordon Pym* (1838) succèdent des poèmes mélancoliques (*Le Corbeau*, 1845), puis des nouvelles policières et fantastiques (*Histoires extraordinaires*, 1840, et *Nouvelles Histoires extraordinaires*, 1845). *Le Cœur révélateur* illustre l'ambiguïté fantastique : est-ce l'incarnation du remords ou la vengeance posthume de la victime ?

Nikolaï Gogol (1809-1852) vit dans la Russie du tsar autoritaire Nicolas Ier (1825-1855). Déchiré entre une ironie caustique et un mysticisme qui le conduira à la folie et à la mort, il voyage en Europe et écrit des nouvelles (*Tarass Boulba, Les Récits de Saint-Pétersbourg*), une pièce satirique sur la bureaucratie (*Le Revizor*, 1836) et un roman (*Les Âmes mortes,* 1842). *La Perspective Nevski* (1835) relate deux aventures suscitées par le Diable insufflant aux hommes des désirs qui les tuent.

Théophile Gautier (1811-1872), après une période romantique, expose sa théorie de « l'art pour l'art » (culte du beau) dans la préface de son roman *Mademoiselle de Maupin* (1835) et l'illustre dans ses poèmes (*Émaux et Camées*, 1852). Mais il ne dédaigne ni le genre historique (*Le Capitaine Fracasse*, 1863), ni les nouvelles fantastiques (dont la célèbre et vampirique *Morte amoureuse*). La nouvelle de Gautier s'inspire du *Faust* de Gœthe.

Guy de Maupassant (1850-1893) combine les lieux (Normandie, Paris) et les genres (réalisme, naturalisme, fantastique) dans ses romans (*Une vie*, 1883 ; *Bel-Ami*, 1885 ; *Pierre et Jean*, 1888) comme dans ses nouvelles (*La Maison Tellier*, 1881; *Les Contes de la bécasse*, 1883 ; *Le Horla*, 1887 ; etc.). *La Nuit* fait monter peu à peu une inquiétude trouble qui confond narrateur et lecteur dans une même défiance face à la réalité.

Edgar Poe
Le Cœur révélateur

Traduction de Charles BAUDELAIRE

Vrai ! – je suis très-nerveux, épouvantablement nerveux, – je l'ai toujours été ; mais pourquoi prétendez-vous que je suis fou ? La maladie a aiguisé mes sens, – elle ne les a pas détruits, – elle ne les a pas émoussés[1]. Plus que tous les autres, j'avais le sens de l'ouïe très-fin. J'ai entendu toutes choses du ciel et de la terre. J'ai entendu bien des choses de l'enfer. Comment donc suis-je fou ? Attention ! Et observez avec quelle santé, – avec quel calme je puis vous raconter toute l'histoire.

Il est impossible de dire comment l'idée entra primitivement dans ma cervelle ; mais, une fois conçue, elle me hanta nuit et jour. D'objet, il n'y en avait pas. La passion n'y était pour rien. J'aimais le vieux bonhomme. Il ne m'avait jamais fait de mal. Il ne m'avait jamais insulté. De son or je n'avais aucune envie. Je crois que c'était son œil ! Oui, c'était cela ! Un de ses yeux ressemblait à celui d'un vautour, – un œil bleu pâle, avec une taie[2] dessus. Chaque fois que cet œil tombait sur moi, mon sang se glaçait ; et ainsi, lentement, – par degrés, – je me mis en tête d'arracher la vie du vieillard, et par ce moyen de me délivrer de l'œil à tout jamais.

---

1. Se dit d'abord d'une pointe ou du tranchant d'une lame, rendus moins coupants. Ici, Poe file la métaphore : « La maladie a *aiguisé* mes sens [...] ne les a pas *émoussés*. »
2. Du latin *theca*, « étui ». Tache blanche et opaque sur la cornée.

BIEN LIRE

L. 1-8 : Quel procédé typographique rend l'effet d'obsession ?

L. 2-3 : Le narrateur s'adresse-t-il à quelqu'un en particulier ?

L. 13-19 : Quel aspect du « vieux bonhomme » explique le projet criminel du narrateur ?

²⁰ Maintenant, voici le hic ! Vous me croyez fou. Les fous ne savent rien de rien. Mais si vous m'aviez vu ! Si vous aviez vu avec quelle sagesse je procédai ! – avec quelle précaution, – avec quelle prévoyance, – avec quelle dissimulation je me mis à l'œuvre ! Je ne fus jamais plus aimable pour le vieux que pen-
²⁵ dant la semaine entière qui précéda le meurtre. Et, chaque nuit, vers minuit, je tournais le loquet de sa porte, et je l'ouvrais, – oh ! si doucement ! Et alors, quand je l'avais suffisamment entrebâillée pour ma tête, j'introduisais une lanterne sourde[1], bien fermée, bien fermée, ne laissant filtrer aucune lumière ;
³⁰ puis je passais la tête. Oh ! vous auriez ri de voir avec quelle adresse je passais ma tête ! Je la mouvais lentement, – très, très-lentement, – de manière à ne pas troubler le sommeil du vieillard. Il me fallait bien une heure pour introduire toute ma tête à travers l'ouverture, assez avant pour le voir couché sur son
³⁵ lit. Ah ! un fou aurait-il été aussi prudent ? – Et alors, quand ma tête était bien dans la chambre, j'ouvrais la lanterne avec précaution, – oh ! avec quelle précaution, avec quelle précaution ! – car la charnière criait. – Je l'ouvrais juste pour qu'un filet imperceptible de lumière tombât sur l'œil de vautour. Et
⁴⁰ cela, je l'ai fait pendant sept longues nuits, – chaque nuit juste

---

1. Cette boîte à armature de fer, avec des facettes de verre, est garnie de volets qui permettent « d'assourdir » la lumière, d'en diminuer la puissance jusqu'à ne laisser qu'une petite ouverture pour un simple faisceau lumineux ou même occulter complètement la source de lumière.

BIEN LIRE

L. 20 : Pour la seconde fois, quel jugement est récusé par le narrateur ?

à minuit ; – mais je trouvai toujours l'œil fermé ; – et ainsi il me fut impossible d'accomplir l'œuvre ; car ce n'était pas le vieux homme qui me vexait, mais son mauvais œil. Et, chaque matin, quand le jour paraissait, j'entrais hardiment dans sa chambre, je lui parlais courageusement, l'appelant par son nom d'un ton cordial[1] et m'informant comment il avait passé la nuit. Ainsi, vous voyez qu'il eût été un vieillard bien profond, en vérité, s'il avait soupçonné que, chaque nuit, juste à minuit, je l'examinais pendant son sommeil.

La huitième nuit, je mis encore plus de précaution à ouvrir la porte. La petite aiguille d'une montre se meut plus vite que ne faisait ma main. Jamais, avant cette nuit, je n'avais senti toute l'étendue de mes facultés, – de ma sagacité[2]. Je pouvais à peine contenir mes sensations de triomphe. Penser que j'étais là, ouvrant la porte, petit à petit, et qu'il ne rêvait même pas de mes actions ou de mes pensées secrètes ! À cette idée, je lâchai un petit rire ; et peut-être m'entendit-il, car il remua soudainement sur son lit, comme s'il se réveillait. Maintenant, vous croyez peut-être que je me retirai, – mais non. Sa chambre

---

1. Du latin *cor, cordis*, « cœur ». Se dit de paroles, de gestes ou d'attitudes qui expriment avec sincérité la sympathie.
2. Du latin *sagax*, « qui a l'odorat fin ». Intelligence fine qui fait découvrir et comprendre les choses les plus difficiles. Perspicacité, subtilité, pénétration d'esprit.

BIEN LIRE

L. 53-54 : Le narrateur éprouve-t-il, au moment de commettre son acte, un sentiment de culpabilité ?

⁶⁰ était aussi noire que de la poix[1], tant les ténèbres étaient épaisses, – car les volets étaient soigneusement fermés, de crainte des voleurs, – et, sachant qu'il ne pouvait pas voir l'entrebâillement de la porte, je continuai à la pousser davantage, toujours davantage.

⁶⁵ J'avais passé ma tête, et j'étais au moment d'ouvrir la lanterne, quand mon pouce glissa sur la fermeture de fer-blanc, et le vieux homme se dressa sur son lit, criant : – Qui est là ?

Je restai complètement immobile et ne dis rien. Pendant une heure entière, je ne remuai pas un muscle, et pendant tout ce ⁷⁰ temps je ne l'entendis pas se recoucher. Il était toujours sur son séant, aux écoutes ; – juste comme j'avais fait pendant des nuits entières, écoutant les horloges-de-mort dans le mur.

Mais voilà que j'entendis un faible gémissement, et je reconnus que c'était le gémissement d'une terreur mortelle. Ce ⁷⁵ n'était pas un gémissement de douleur ou de chagrin ; – oh ! non, – c'était le bruit sourd et étouffé qui s'élève du fond d'une âme surchargée d'effroi. Je connaissais bien ce bruit. Bien des nuits, à minuit juste, pendant que le monde entier dormait, il avait jailli de mon propre sein, creusant avec son terrible écho ⁸⁰ les terreurs qui me travaillaient. Je dis que je le connaissais bien.

---

1. Substance résineuse brun foncé, tirée du pin ou du sapin, qui a des propriétés agglutinantes (on peut l'utiliser comme colle). Au Moyen Âge, on la faisait chauffer pour la verser sur les assaillants des châteaux forts.

BIEN LIRE

L. 77-80 : Le narrateur a-t-il déjà lui-même éprouvé la terreur qui étreint le vieillard ?

Je savais ce qu'éprouvait le vieux homme, et j'avais pitié de lui, quoique j'eusse le rire dans le cœur. Je savais qu'il était resté éveillé, depuis le premier petit bruit, quand il s'était retourné dans son lit. Ses craintes avaient toujours été grossissant. Il avait
85 tâché de se persuader qu'elles étaient sans cause, mais il n'avait pas pu. Il s'était dit à lui-même : – Ce n'est rien, que le vent dans la cheminée ; – ce n'est qu'une souris qui traverse le parquet ; – ou : c'est simplement un grillon qui a poussé son cri. Oui, il s'est efforcé de se fortifier avec ces hypothèses ; mais tout
90 cela a été vain. *Tout a été vain*, parce que la Mort qui s'approchait avait passé devant lui avec sa grande ombre noire, et qu'elle avait ainsi enveloppé sa victime. Et c'était l'influence funèbre de l'ombre inaperçue qui lui faisait sentir, – quoiqu'il ne vît et n'entendît rien, – qui lui faisait *sentir* la présence de
95 ma tête dans la chambre.

Quand j'eus attendu un long temps très-patiemment, sans l'entendre se recoucher, je me résolus à entrouvrir un peu la lanterne, mais si peu, si peu que rien. Je l'ouvris donc, – si furtivement[1], si furtivement que vous ne sauriez l'imaginer, – jus-
100 qu'à ce qu'enfin un seul rayon pâle, comme un fil d'araignée, s'élançât de la fente et s'abattît sur l'œil de vautour.

---

1. Du latin *furtivus*, « dérobé ». Fait à la dérobée et rapidement. Subrepticement.

BIEN LIRE

L. 86-88 : Combien d'explications le vieillard trouve-t-il au bruit qui l'a éveillé ?

L. 90-92 : Le vieillard a-t-il eu la prémonition de sa propre mort ?

L. 100 : À quoi est comparé le rayon de la lampe ?

Il était ouvert, – tout grand ouvert, et j'entrai en fureur aussitôt que je l'eus regardé. Je le vis avec une parfaite netteté, –
tout entier d'un bleu terne et recouvert d'un voile hideux qui
105   glaçait la moelle dans mes os ; mais je ne pouvais voir que cela
de la face ou de la personne du vieillard ; car j'avais dirigé le
rayon, comme par instinct, précisément sur la place maudite.

Et maintenant, ne vous ai-je pas dit que ce que vous preniez
pour de la folie n'est qu'une hyperacuité[1] des sens ? –
110   Maintenant, je vous le dis, un bruit sourd, étouffé, fréquent
vint à mes oreilles, semblable à celui que fait une montre enveloppée dans du coton. *Ce son-là*, je le reconnus bien aussi.
C'était le battement du cœur du vieux. Il accrut ma fureur,
comme le battement du tambour exaspère le courage du soldat.
115   Mais je me contins encore, et je restai sans bouger. Je respi-
rais à peine. Je tenais la lanterne immobile. Je m'appliquais à
maintenir le rayon droit sur l'œil. En même temps, la charge
infernale du cœur battait plus fort ; elle devenait de plus en plus
précipitée, et à chaque instant de plus en plus haute. La terreur
120   du vieillard *devait* être extrême ! Ce battement, dis-je, devenait
de plus en plus fort à chaque minute ! – Me suivez-vous bien ?

---

1. Mot composé à partir du préfixe
grec *hyper*, « au-dessus, plus », et du
substantif *acuité*, « qui est aigu ». Dé-
veloppement excessif des perceptions sensorielles.

BIEN LIRE

**L. 108-109 : Pour la seconde fois,
le narrateur insiste sur une
capacité très particulière.
Laquelle ?**

**L. 110-114 : Le battement du cœur
est comparé deux fois en
quelques lignes. À quels objets ?**

Je vous ai dit que j'étais nerveux ; je le suis en effet. Et maintenant, au plein cœur de la nuit, parmi le silence redoutable de
cette vieille maison, un si étrange bruit jeta en moi une terreur
125 irrésistible. Pendant quelques minutes encore je me contins et
restai calme. Mais le battement devenait toujours plus fort, toujours plus fort ! Je croyais que le cœur allait crever. Et voilà
qu'une nouvelle angoisse s'empara de moi : – le bruit pouvait
être entendu par un voisin ! L'heure du vieillard était venue !
130 Avec un grand hurlement, j'ouvris brusquement la lanterne et
m'élançai dans la chambre. Il ne poussa qu'un cri, – un seul.
En un instant, je le précipitai sur le parquet, et je renversai sur
lui tout le poids écrasant du lit. Alors je souris avec bonheur,
voyant ma besogne fort avancée. Mais, pendant quelques
135 minutes, le cœur battit avec un son voilé. Cela toutefois ne me
tourmenta pas ; on ne pouvait l'entendre à travers le mur. À la
longue, il cessa. Le vieux était mort. Je relevai le lit, et j'exami-
nai le corps. Oui, il était roide, roide[1] mort. Je plaçai ma main
sur le cœur, et l'y maintins plusieurs minutes. Aucune pulsa-
140 tion. Il était roide mort. Son œil désormais ne me tourmente-
rait plus.

Si vous persistez à me croire fou, cette croyance s'évanouira
quand je vous décrirai les sages précautions que j'employai pour

---

1. Variante vieillie de *raide*, ces deux adjectifs
étant dérivés du latin *rigidus*, qui donnera également « rigide ».

BIEN LIRE

**L. 127-129 : Quelle pensée
précipite les événements ?**

dissimuler le cadavre. La nuit avançait, et je travaillai vivement,
145 mais en silence. Je coupai la tête, puis les bras, puis les jambes.

Puis j'arrachai trois planches du parquet de la chambre, et je
déposai le tout entre les voliges[1]. Puis je replaçai les feuilles si
habilement, si adroitement, qu'aucun œil humain – pas même
le sien! – n'aurait pu y découvrir quelque chose de louche. Il
150 n'y avait rien à laver, – pas une souillure[2], – pas une tache de
sang. J'avais été trop bien avisé pour cela. Un baquet avait tout
absorbé, – ha! ha!

Quand j'eus fini tous ces travaux, il était quatre heures, – il
faisait toujours aussi noir qu'à minuit. Pendant que le timbre
155 sonnait l'heure, on frappa à la porte de la rue. Je descendis pour
ouvrir, avec un cœur léger, – car qu'avais-je à craindre *mainte-*
nant? Trois hommes entrèrent qui se présentèrent, avec une
parfaite suavité[3], comme officiers de police. Un cri avait été
entendu par un voisin pendant la nuit; cela avait éveillé le
160 soupçon de quelque mauvais coup: une dénonciation avait été
transmise au bureau de police, et ces messieurs (les officiers)
avaient été envoyés pour visiter les lieux.

Je souris, – car qu'avais-je à craindre? Je souhaitai la bienve-
nue à ces gentlemen. – Le cri, dis-je, c'était moi qui l'avais
165 poussé dans un rêve. Le vieux bonhomme, ajoutai-je, était en
voyage dans le pays. Je promenai mes visiteurs par toute la mai-

---

1. Planches minces de bois blanc, posées sous les lames du parquet.
2. Du latin *suculus*, « porcelet ». À l'origine, *souillé* signifie « couvert de boue, d'ordure, de saleté ».
La souillure est donc une tache; le mot peut être employé au sens figuré: souillure morale.
3. Du latin *suavis*, « doux, agréable, délicieux ».

son. Je les invitai à chercher, à *bien* chercher. À la fin, je les
conduisis dans *sa* chambre. Je leur montrai ses trésors, en parfaite sûreté, parfaitement en ordre. Dans l'enthousiasme de ma
170 confiance, j'apportai des sièges dans la chambre, et les priai de
s'y reposer de leur fatigue, tandis que moi-même, avec la folle
audace d'un triomphe parfait, j'installai ma propre chaise sur
l'endroit même qui recouvrait le corps de la victime.

Les officiers étaient satisfaits. Mes manières les avaient
175 convaincus. Je me sentais singulièrement à l'aise. Ils s'assirent,
et ils causèrent de choses familières auxquelles je répondis gaie-
ment. Mais, au bout de peu de temps, je sentis que je devenais
pâle, et je souhaitai leur départ. Ma tête me faisait mal, et il me
semblait que les oreilles me tintaient ; mais ils restaient toujours
180 assis, et toujours ils causaient. Le tintement devint plus distinct ; – il persista et devint encore plus distinct ; je bavardai
plus abondamment pour me débarrasser de cette sensation ;
mais elle tint bon et prit un caractère tout à fait décidé, – tant
qu'à la fin je découvris que le bruit n'était pas dans mes oreilles.

185 Sans doute je devins alors très-pâle ; – mais je bavardais
encore plus couramment et en haussant la voix. Le son augmentait toujours, – et que pouvais-je faire ? C'était *un bruit*

BIEN LIRE

**L. 163-175 : Quel comportement l'assassin a-t-il devant la police ?
Trouvez deux attitudes qui prouvent sa décontraction.**

L. 178-180 : Quel type de bruit gêne particulièrement le narrateur ?

sourd, étouffé, fréquent, ressemblant beaucoup à celui que ferait
une montre enveloppée dans du coton. Je respirai laborieusement.
190 — Les officiers n'entendaient pas encore. Je causai plus vite, —
avec plus de véhémence[1] ; mais le bruit croissait incessamment.
— Je me levai, et je disputai sur des niaiseries, dans un diapa-
son[2] très-élevé et avec une violente gesticulation ; mais le bruit
montait, montait toujours. — Pourquoi ne *voulaient-ils pas* s'en
195 aller ? — J'arpentai[3] çà et là le plancher lourdement et à grands
pas, comme exaspéré par les observations de mes contradic-
teurs ; — mais le bruit croissait régulièrement. Ô Dieu ! que
pouvais-je faire ? J'écumais, — je battais la campagne[4], — je
jurais ! j'agitais la chaise sur laquelle j'étais assis, et je la faisais
200 crier sur le parquet ; mais le bruit dominait toujours, et croissait indéfiniment. Il devenait plus fort, — plus fort ! — toujours
plus fort ! Et toujours les hommes causaient, plaisantaient et
souriaient. Était-il possible qu'ils n'entendissent pas ? Dieu

---

1. Ardeur impétueuse, violence, emportement,
fougue, passion.
2. Du grec *dia pason khordôn*, « à travers toutes les
cordes ». Petit instrument d'acier dont les vibra-
tions donnent le la. Ici, hauteur d'un son.
3. Du gaulois *arpennis*, ancienne mesure agraire. Si
arpenter signifie d'abord « mesurer une surface »,
l'expression désigne également les déplacements
en tous sens que l'on effectue pour cette mesure.
Marcher de long en large. Cette expression prépare
battre la campagne.
4. À l'origine, parcourir une région dans tous les
sens à la recherche de quelqu'un ou de quelque
chose. Au figuré, avoir des idées extravagantes,
déraisonner, divaguer, délirer.

BIEN LIRE

**L. 187-189 : Pourquoi la
phrase qui décrit le bruit
est-elle en italique ?**
**L. 192-194 : Pour quelle
raison le narrateur élève-
t-il la voix, dans sa
discussion avec les
policiers ?**

tout-puissant ! – Non, non ! Ils entendaient ! – ils soupçon-
205 naient ! – ils *savaient*, – ils se faisaient un amusement de mon
effroi ! – je le crus, et je le crois encore. Mais n'importe quoi
était plus tolérable que cette dérision[1] ! Je ne pouvais pas supporter plus longtemps ces hypocrites sourires ! Je sentis qu'il fallait crier ou mourir ! – et maintenant encore, l'entendez-vous ?
210 – écoutez ! plus haut ! – plus haut ! – toujours plus haut ! –
toujours plus haut !

– Misérables ! – m'écriai-je, – ne dissimulez pas plus longtemps ! J'avoue la chose ! – arrachez ces planches ! c'est là, c'est
là ! – c'est le battement de son affreux cœur !

---

1. Moquerie railleuse, ironie mépri-
sante.

BIEN LIRE

**L. 204-206 : D'après le narrateur, était-
il le seul à entendre le bruit ? D'après
vous, d'où venait le bruit ?**

**L. 209 : Pour la seconde fois apparaît le
destinataire de ce récit. À quel propos ?
Pourquoi « l'entendez-vous » est-il au
présent ?**

**L. 212-214 : Comment se justifie le titre
de la nouvelle, dans les dernières
lignes du récit ?**

**Le titre anglais de la nouvelle est *Tell-
tale Heart* : quel effet supplémentaire
ce titre produit-il ?**

Théophile Gautier
Deux Acteurs pour un rôle

1

Un rendez-vous au Jardin impérial

On touchait aux derniers jours de novembre : le Jardin impérial de Vienne était désert, une bise aiguë faisait tourbillonner les feuilles couleur de safran et grillées par les premiers froids ; les rosiers des parterres, tourmentés et rompus par le vent, lais-
5 saient traîner leurs branchages dans la boue. Cependant la grande allée, grâce au sable qui la recouvre, était sèche et praticable. Quoique dévasté par les approches de l'hiver, le Jardin impérial ne manquait pas d'un certain charme mélancolique. La longue allée prolongeait fort loin ses arcades rousses, laissant
10 deviner confusément à son extrémité un horizon de collines déjà noyées dans les vapeurs bleuâtres et le brouillard du soir ; au-delà, la vue s'étendait sur le Prater[1] et le Danube[2] ; c'était une promenade faite à souhait pour un poète[3].

Un jeune homme arpentait cette allée avec des signes visibles

---

1. Jardin de loisirs situé sur les hauteurs de Vienne, capitale de l'Autriche (à l'époque du récit, Autriche-Hongrie).
2. Le Danube parcourt l'Europe centrale. Ce fleuve de 2 850 km prend sa source dans la Forêt Noire et traverse l'Allemagne, l'Autriche, la Slovaquie, la Hongrie, la Croatie, la Yougoslavie, la Roumanie, la Bulgarie et l'Ukraine, avant de se jeter dans la mer Noire.
3. Ce premier paragraphe s'inspire des *Amours de Vienne* de Gérard de Nerval.

BIEN LIRE

L. 1-13 : Quels éléments font de ce décor « une promenade faite à souhait pour un poète » ?

15 d'impatience; son costume, d'une élégance un peu théâtrale, consistait en une redingote de velours noir à brandebourgs d'or[1] bordée de fourrure, un pantalon de tricot[2] gris, des bottes molles à glands montant jusqu'à mi-jambes. Il pouvait avoir de vingt-sept à vingt-huit ans; ses traits pâles et réguliers étaient pleins de
20 finesse, et l'ironie se blottissait dans les plis de ses yeux et les coins de sa bouche; à l'Université, dont il paraissait récemment sorti, car il portait encore la casquette à feuilles de chêne des étudiants, il devait avoir donné beaucoup de fil à retordre aux *philistins* et brillé au premier rang des *burschen* et des *renards*[3].

25   Le très court espace dans lequel il circonscrivait sa promenade montrait qu'il attendait quelqu'un ou plutôt quelqu'une, car le Jardin impérial de Vienne, au mois de novembre, n'est guère propice aux rendez-vous d'affaires.

   En effet, une jeune fille ne tarda pas à paraître au bout de l'al-
30 lée: une coiffe de soie noire couvrait ses riches cheveux blonds, dont l'humidité du soir avait légèrement défrisé les longues boucles; son teint, ordinairement d'une blancheur de cire vierge, avait pris sous les morsures du froid des nuances de roses de Bengale. Groupée et pelotonnée comme elle était dans sa

---

1. Redingote fermée par des galons formant une boutonnière.
2. Pantalon coupé dans une sorte de jersey.
3. *Philistins*, *burschen* et *renards* sont des termes empruntés à Nerval. Le premier renvoie au sens péjoratif de la Bible, mais désigne ici les bourgeois, ceux qui ne sont pas étudiants. *Bursch* représente l'étudiant qui, dès qu'il est immatriculé et s'inscrit à une association, devient « renard » (*fuchs*). Il subit alors nombre d'initiations. On retrouve ces termes dans les récits fantastiques de Hoffmann.

BIEN LIRE

L. 14-18 : Quels éléments, dans le costume du jeune homme, lui confèrent cette « élégance un peu théâtrale » ?

35 mante[1] garnie de martre, elle ressemblait à ravir à la statuette de la Frileuse[2] ; un barbet[3] noir l'accompagnait, chaperon commode, sur l'indulgence et la discrétion duquel on pouvait compter.

« Figurez-vous, Henrich, dit la jolie Viennoise en prenant le 40 bras du jeune homme, qu'il y a plus d'une heure que je suis habillée et prête à sortir, et ma tante n'en finissait pas avec ses sermons sur les dangers de la valse, et les recettes pour les gâteaux de Noël et les carpes au bleu. Je suis sortie sous le prétexte d'acheter des brodequins[4] gris dont je n'ai nul besoin. 45 C'est pourtant pour vous, Henrich, que je fais tous ces petits mensonges dont je me repens et que je recommence toujours ; aussi quelle idée avez-vous eue de vous livrer au théâtre ; c'était bien la peine d'étudier si longtemps la théologie[5] à Heidelberg. Mes parents vous aimaient et nous serions mariés aujourd'hui. 50 Au lieu de nous voir à la dérobée sous les arbres chauves du Jardin impérial, nous serions assis côte à côte près d'un beau poêle de Saxe, dans un parloir bien clos, causant de l'avenir de nos enfants : ne serait-ce pas, Henrich, un sort bien heureux ?

– Oui, Katy, bien heureux, répondit le jeune homme en 55 pressant sous le satin et les fourrures le bras potelé de la jolie

1. Manteau de femme ample et sans manches.
2. Statue célèbre de Houdon.
3. Petit chien à poil long et frisé.
4. Bottines lacées.
5. Du grec *theos*, « dieu », et *logos*, « science ». Étude des questions relatives à la religion.

BIEN LIRE

L. 39-43 : À quelle danse, typique de Vienne, est-il fait allusion ?

L. 44-48 : De quelle célèbre université allemande Henrich est-il diplômé ?

L. 49-53 : Quelle autre notation nous renseigne sur la saison ?

Viennoise ; mais, que veux-tu ! c'est un ascendant[1] invincible ;
le théâtre m'attire ; j'en rêve le jour, j'y pense la nuit ; je sens le
désir de vivre dans la création des poètes, il me semble que j'ai
vingt existences. Chaque rôle que je joue me fait une vie nou-
60 velle ; toutes ces passions que j'exprime, je les éprouve ; je suis
Hamlet, Othello, Charles Moor[2] : quand on est tout cela, on
ne peut que difficilement se résigner à l'humble condition de
pasteur de village.

— C'est fort beau ; mais vous savez bien que mes parents ne
65 voudront jamais d'un comédien pour gendre.

— Non, certes, d'un comédien obscur, pauvre artiste ambu-
lant, jouet des directeurs et du public ; mais d'un grand comédien couvert de gloire et d'applaudissements ; plus payé qu'un
ministre, si difficiles qu'ils soient, ils en voudront bien. Quand
70 je viendrai vous demander dans une belle calèche jaune dont le
vernis pourra servir de miroir aux voisins étonnés, et qu'un
grand laquais galonné m'abattra le marchepied, croyez-vous,
Katy, qu'ils me refuseront ?

— Je ne le crois pas... Mais qui dit, Henrich, que vous en arri-
75 verez jamais là ?... Vous avez du talent ; mais le talent ne suffit
pas, il faut encore beaucoup de bonheur. Quand vous serez ce

---

1. Du latin *ascendere*, « monter ».
Attraction, emprise, intellectuelle
ou psychologique.
2. Hamlet et Othello sont les héros
éponymes (qui donnent leur nom à
une œuvre) de pièces de Shakespeare. Charles Moor est le héros
des *Brigands* (1781) de Schiller.

BIEN LIRE

**L. 56-63 : Dans le discours de Henrich
sur le théâtre, ne perçoit-on pas les
signes d'une fascination surnaturelle ?
Relevez les termes qui l'indiquent.**

L. 66-69 : À quel avenir rêve Henrich ?

grand comédien dont vous parlez, le plus beau temps de notre jeunesse sera passé, et alors voudrez-vous toujours épouser la vieille Katy, ayant à votre disposition les amours de toutes ces princesses de théâtre si joyeuses et si parées ?

80

– Cet avenir, répondit Henrich, est plus prochain que vous ne croyez ; j'ai un engagement avantageux au théâtre de la Porte de Carinthie, et le directeur a été si content de la manière dont je me suis acquitté de mon dernier rôle, qu'il m'a accordé une gratification de deux mille thalers[1].

85

– Oui, reprit la jeune fille d'un air sérieux, ce rôle de démon dans la pièce nouvelle ; je vous avoue, Henrich, que je n'aime pas voir un chrétien prendre le masque de l'ennemi du genre humain et prononcer des paroles blasphématoires[2]. L'autre jour, j'allai vous voir au théâtre de Carinthie, et à chaque instant je craignais qu'un véritable feu d'enfer ne sortît des trappes où vous vous engloutissiez dans un tourbillon d'esprit-de-vin[3]. Je suis revenue chez moi toute troublée et j'ai fait des rêves affreux.

90

95

– Chimères[4] que tout cela, ma bonne Katy ; et d'ailleurs, c'est demain la dernière représentation, et je ne mettrai plus le costume noir et rouge qui te déplaît tant.

---

1. Le thaler est l'unité monétaire de l'Autriche-Hongrie.
2. Qui outragent le ou les dieu(x), impies, sacrilèges.
3. Alcool.
4. Du grec *khimaira*, « monstre fabuleux ». Le sens d'origine est conservé, mais ce mot désigne surtout un projet irréalisable, un rêve, une utopie.

BIEN LIRE

L. 86-87 ; 96-97 : Quel rôle a dernièrement joué Henrich ?

L. 87-89 : Quelle périphrase désigne le Diable ?

– Tant mieux ! car je ne sais quelles vagues inquiétudes me travaillent l'esprit, et j'ai bien peur que ce rôle, profitable à
100 votre gloire, ne le soit pas à votre salut ; j'ai peur aussi que vous ne preniez de mauvaises mœurs avec ces damnés comédiens. Je suis sûre que vous ne dites plus vos prières, et la petite croix que je vous avais donnée, je parierais que vous l'avez perdue. »

Henrich se justifia en écartant les revers de son habit ; la
105 petite croix brillait toujours sur sa poitrine.

Tout en devisant ainsi, les deux amants étaient parvenus à la rue du Thabor dans la Leopoldstadt, devant la boutique du cordonnier renommé pour la perfection de ses brodequins gris ; après avoir causé quelques instants sur le seuil, Katy entra sui-
110 vie de son barbet noir, non sans avoir livré ses jolis doigts effilés au serrement de main d'Henrich.

Henrich tâcha de saisir encore quelques aspects de sa maîtresse, à travers les souliers mignons et les gentils brodequins symétriquement rangés sur les tringles de cuivre de la devan-
115 ture ; mais le brouillard avait étamé les carreaux de sa moite haleine, et il ne put démêler qu'une silhouette confuse ; alors, prenant une héroïque résolution, il pirouetta sur ses talons et s'en alla d'un pas délibéré au gasthof de l'*Aigle à deux têtes*.

BIEN LIRE

L. 100-101 : Pour la seconde fois, Katy exprime son inquiétude sur les rencontres que l'on fait au théâtre. Retrouvez, à la page précédente, la première expression de son angoisse.

L. 115-116 : Remarquez la progression du brouillard depuis le début de la nouvelle, page 23.

2

LE GASTHOF[1] DE L'*AIGLE À DEUX TÊTES*

Il y avait ce soir-là compagnie nombreuse au gasthof de l'*Aigle à deux têtes* ; la société était la plus mélangée du monde, et le caprice de Callot et celui de Goya[2], réunis, n'auraient pu produire un plus bizarre amalgame[3] de types caractéristiques.

5 L'*Aigle à deux têtes* était une de ces bienheureuses caves célébrées par Hoffmann, dont les marches sont si usées, si onctueuses et si glissantes, qu'on ne peut poser le pied sur la première sans se trouver tout de suite au fond, les coudes sur la table, la pipe à la bouche, entre un pot de bière et une mesure de vin nouveau.

10 À travers l'épais nuage de fumée qui vous prenait d'abord à la gorge et aux yeux, se dessinaient, au bout de quelques minutes, toutes sortes de figures étranges.

C'étaient des Valaques[4] avec leur cafetan et leur bonnet de

---

1. Brasserie allemande ou autrichienne.
2. Callot est surtout connu pour ses gravures célébrées par Hoffmann, Aloysius Bertrand et Baudelaire. Gautier fut le premier à reconnaître le génie du peintre espagnol Goya dont il évoque ici, indirectement, les gravures, intitulées *Caprices* et représentant des scènes diaboliques.
3. De l'arabe latinisé, *amalgama*, « copulation ». Ce mot, employé en alchimie, désigne un mélange singulier.
4. Habitants de Valachie, principauté danubienne qui se soustrait à la domination turque en 1856 et s'intégrera plus tard à la Roumanie. Plus loin, Gautier évoque les Morlaques, autre population danubienne.

BIEN LIRE

L. 2 : Pourquoi « l'*Aigle à deux têtes* » à Vienne ?

L. 10-12 : Quel élément fait écho au brouillard de la fin du chapitre précédent ?

peau d'Astrakan, des Serbes, des Hongrois aux longues mous-
15 taches noires, caparaçonnés de dolmans et de passementeries ;
des Bohêmes au teint cuivre, au front étroit, au profil busqué ;
d'honnêtes Allemands en redingote à brandebourgs, des Tatars[1]
aux yeux retroussés à la chinoise ; toutes les populations imagi-
nables. L'Orient y était représenté par un gros Turc accroupi
20 dans un coin, qui fumait paisiblement du latakié[2] dans une
pipe à tuyau de cerisier de Moldavie, avec un fourreau de terre
rouge et un bout d'ambre jaune.

Tout ce monde, accoudé à des tables, mangeait et buvait : la
boisson se composait de bière forte et d'un mélange de vin
25 rouge nouveau avec du vin blanc plus ancien ; la nourriture, de
tranches de veau froid, de jambon ou de pâtisseries.

Autour des tables tourbillonnait sans repos une de ces
longues valses allemandes qui produisent sur les imaginations
septentrionales le même effet que le hachich et l'opium sur les
30 Orientaux ; les couples passaient et repassaient avec rapidité ;
les femmes, presque évanouies de plaisir sur le bras de leur dan-
seur, au bruit d'une valse de Lanner[3], balayaient de leurs jupes
les nuages de fumée de pipe et rafraîchissaient le visage des
buveurs. Au comptoir, des improvisateurs morlaques accompa-

---

1. Véritable prononciation de *Tartares*, ces populations turques et mongoles qui envahirent l'Occident au XIIe siècle.
2. Variété de tabac noirâtre cultivée en Syrie et en Turquie.
3. Lanner (1802-1843) fut, avant Johann Strauss, le roi de la valse viennoise.

BIEN LIRE

L. 13-19 : À quel empire appartiennent toutes ces populations ?

35 gnés d'un joueur de guzla[1], récitaient une espèce de complainte dramatique qui paraissait divertir beaucoup une douzaine de figures étranges, coiffées de tarbouchs[2] et vêtues de peau de mouton.

Henrich se dirigea vers le fond de la cave et alla prendre place 40 à une table où étaient déjà assis trois ou quatre personnages de joyeuse mine et de belle humeur.

« Tiens, c'est Henrich ! s'écria le plus âgé de la bande ; prenez garde à vous, mes amis : *fœnum habet in cornu*[3]. Sais-tu que tu avais vraiment l'air diabolique l'autre soir : tu me faisais presque 45 peur. Et comment s'imaginer qu'Henrich, qui boit de la bière comme nous et ne recule pas devant une tranche de jambon froid, vous prenne des airs si venimeux, si méchants et si sardoniques[4] et qu'il lui suffise d'un geste pour faire courir le frisson dans toute la salle ?

50 — Eh ! pardieu ! c'est pour cela qu'Henrich est un grand artiste, un sublime comédien. Il n'y a pas de gloire à représenter un rôle qui serait dans votre caractère ; le triomphe, pour une coquette, est de jouer supérieurement les ingénues. »

---

1. Cet instrument à une seule corde de crin, mis à la mode par Mérimée, en 1827, dans *La Guzla : choix de poésies illyriennes*, revient souvent dans les récits romantiques.
2. Sortes de coiffures entre bonnet et calot.
3. Vers d'Horace (*Satires*, I, 4, 34). Dire de quelqu'un qu'il « a du foin dans la corne » le désigne comme enragé, car on mettait du foin aux cornes des bœufs dangereux. Mais, ici, le mot *corne* a une connotation diabolique.
4. Du latin *Sardonia herba*, « renoncule de Sardaigne » dont l'ingestion provoquait le rire. Un rire sardonique suggère une ironie méchante et est souvent associé au Diable.

BIEN LIRE

L. 42-49 : Les sentiments craintifs de l'amie de Henrich ont-ils été partagés par d'autres ?

Henrich s'assit modestement, se fit servir un grand verre de
55 vin mélangé, et la conversation continua sur le même sujet. Ce
n'était de toutes parts qu'admiration et compliments.

« Ah ! si le grand Wolfgang de Goethe[1] t'avait vu ! disait l'un.

– Montre-nous tes pieds, disait l'autre : je suis sûr que tu as
l'ergot fourchu[2]. »

60 Les autres buveurs, attirés par ces exclamations, regardaient
sérieusement Henrich, tout heureux d'avoir l'occasion d'examiner de près un homme si remarquable. Les jeunes gens qui
avaient autrefois connu Henrich à l'Université, et dont ils
savaient à peine le nom, s'approchaient de lui en lui serrant la
65 main cordialement, comme s'ils eussent été ses intimes amis.
Les plus jolies valseuses lui décochaient en passant le plus
tendre regard de leurs yeux bleus et veloutés.

Seul, un homme assis à la table voisine ne paraissait pas
prendre part à l'enthousiasme général ; la tête renversée en
70 arrière, il tambourinait distraitement, avec ses doigts, sur le
fond de son chapeau, une marche militaire, et, de temps en
temps, il poussait une espèce de *humph !* singulièrement dubi-
tatif[3].

---

1. Le *Wolfgang* de Gœthe renvoie au *Faust* de Gœthe
(1749-1832) dont le héros éponyme fit un pacte avec
Méphistophélès, incarnation du Diable, échangeant
son âme contre tous les biens terrestres.
2. L'ergot, pointe cornée située derrière le pied de certains animaux, n'est « fourchu » que s'il s'agit des
pieds du Diable.
3. Du latin *dubitare*, « douter ». Qui exprime le doute,
sceptique.

BIEN LIRE

L. 68-73 : Comment est mise en évidence la solitude de l'homme à la table voisine ? Par quels mots ? En quelle situation ?

L'aspect de cet homme était des plus bizarres, quoiqu'il fût
75 mis comme un honnête bourgeois de Vienne, jouissant d'une
fortune raisonnable ; ses yeux gris se nuançaient de teintes
vertes et lançaient des lueurs phosphoriques[1] comme celles des
chats. Quand ses lèvres pâles et plates se desserraient, elles lais-
saient voir deux rangées de dents très blanches, très aiguës et
80 très séparées, de l'aspect le plus cannibale et le plus féroce ; ses
ongles longs, luisants et recourbés, prenaient de vagues apparences de griffes ; mais cette physionomie n'apparaissait que par
éclairs rapides ; sous l'œil qui le regardait fixement, sa figure
reprenait bien vite l'apparence bourgeoise et débonnaire d'un
85 marchand viennois retiré du commerce et l'on s'étonnait
d'avoir pu soupçonner de scélératesse[2] et de diablerie une face
si vulgaire et si triviale.

Intérieurement Henrich était choqué de la nonchalance de
cet homme ; ce silence si dédaigneux ôtait de leur valeur aux
90 éloges dont ses bruyants compagnons l'accablaient. Ce silence
était celui d'un vieux connaisseur exercé, qui ne se laisse pas

1. Qui brillent comme le phosphore
(du grec *phôs*, « lumière », et *pho-
ros*, « porteur »). L'adjectif, ici, désigne une lumière jaune très puissante.
2. Du latin *scelus*, « crime ». La scélératesse désigne l'aptitude au
crime, la méchanceté perverse, la
perfidie.

BIEN LIRE

**L. 74-87 : Quels mots sont chargés de
connotations diaboliques dans le
portrait de « l'homme singulier » ? Et
quels mots se veulent rassurants, dans
ce même portrait ?**

**L. 84 et 87 : Que signifie « débonnaire » ?
« vulgaire » ? « triviale » ?**

**L. 91-93 : Comment interpréter « vieux
connaisseur » et « dans son temps » ?**

prendre aux apparences et qui a vu mieux que cela dans son temps.

Atmayer, le plus jeune de la troupe, le plus chaud enthou-
95 siaste d'Henrich, ne put supporter cette mine froide, et, s'adres-
sant à l'homme singulier, comme le prenant à témoin d'une
assertion[1] qu'il avançait :

« N'est-ce pas, monsieur, qu'aucun acteur n'a mieux joué le
rôle de Méphistophélès que mon camarade que voilà ?

100   – Humph ! dit l'inconnu en faisant miroiter ses prunelles
glauques[2] et craquer ses dents aiguës, M. Henrich est un garçon de talent et que j'estime fort ; mais, pour jouer le rôle du
Diable, il lui manque encore bien des choses. »

Et, se dressant tout à coup :

105   « Avez-vous jamais vu le Diable, monsieur Henrich ? »

Il fit cette question d'un ton si bizarre et si moqueur, que
tous les assistants se sentirent passer un frisson dans le dos.

« Cela serait pourtant bien nécessaire pour la vérité de votre
jeu. L'autre soir, j'étais au théâtre de la Porte de Carinthie, et je
110 n'ai pas été satisfait de votre rire ; c'était un rire d'espiègle, tout
au plus. Voici comme il faudrait rire, mon cher petit monsieur
Henrich. »

Et là-dessus, comme pour lui donner l'exemple, il lâcha un
éclat de rire si aigu, si strident[3], si sardonique, que l'orchestre et

---

1. Du latin *asserere*, « affirmer ». Proposition avancée comme vraie, affirmation soutenue.
2. Du grec *glaukos*, adjectif qui désigne à l'origine la couleur de la mer, opaque et variant du vert au bleu. Depuis 1985, on l'emploie, à tort, dans le sens de *sinistre*.
3. Se dit d'un son perçant et vibrant.

115 les valses s'arrêtèrent à l'instant même ; les vitres du gasthof tremblèrent. L'inconnu continua pendant quelques minutes ce rire impitoyable et convulsif qu'Henrich et ses compagnons, malgré leur frayeur, ne pouvaient s'empêcher d'imiter.

Quand Henrich reprit haleine, les voûtes du gasthof répé-
120 taient, comme un écho affaibli, les dernières notes de ce ricanement grêle[1] et terrible, et l'inconnu n'était plus là.

---

1. Du latin *gracilis*, « gracile ». Cet adjectif désigne une personne fine, menue, mince et fluette. Pour un son, il indique l'aigu.

BIEN LIRE

L. 113-115 : Quel adjectif, qualifiant la démonstration de rire de l'inconnu, est souvent associé au Diable ?

L. 116-121 : De quelle circonstance profite l'inconnu pour disparaître ?

3

LE THÉÂTRE DE LA PORTE DE CARINTHIE

Quelques jours après cet incident bizarre, qu'il avait presque oublié et dont il ne se souvenait plus que comme de la plaisanterie d'un bourgeois ironique, Henrich jouait son rôle de démon dans la pièce nouvelle.

5 Sur la première banquette de l'orchestre était assis l'inconnu du gasthof, et, à chaque mot prononcé par Henrich, il hochait la tête, clignait les yeux, faisait claquer sa langue contre son palais et donnait les signes de la plus vive impatience.

« Mauvais ! mauvais ! » murmurait-il à demi-voix.

10 Ses voisins, étonnés et choqués de ses manières, applaudissaient et disaient :

« Voilà un monsieur bien difficile ! »

À la fin du premier acte, l'inconnu se leva, comme ayant pris une résolution subite, enjamba les timbales, la grosse caisse et
15 le tam-tam, et disparut par la petite porte qui conduit de l'orchestre au théâtre.

Henrich, en attendant le lever du rideau, se promenait dans la coulisse, et, arrivé au bout de sa courte promenade, quelle fut

BIEN LIRE — **L. 17-24 : À nouveau, à quels détails physiques reconnaît-on le Diable ?**

sa terreur de voir, en se retournant, debout au milieu de l'étroit
20 corridor, un personnage mystérieux, vêtu exactement comme
lui, et qui le regardait avec des yeux dont la transparence ver-
dâtre avait dans l'obscurité une profondeur inouïe ; des dents
aiguës, blanches, séparées, donnaient quelque chose de féroce à
son sourire sardonique.

25   Henrich ne put méconnaître l'inconnu du gasthof de l'*Aigle
à deux têtes*, ou plutôt le Diable en personne ; car c'était lui.

«Ah ! ah ! mon petit monsieur, vous voulez jouer le rôle du
Diable ! Vous avez été bien médiocre dans le premier acte, et
vous donneriez vraiment une trop mauvaise opinion de moi
30 aux braves habitants de Vienne. Vous me permettrez de vous
remplacer ce soir, et, comme vous me gêneriez, je vais vous
envoyer au second dessous. »

Henrich venait de reconnaître l'ange des ténèbres et il se sentit perdu ; portant machinalement la main à la petite croix de
35 Katy, qui ne le quittait jamais, il essaya d'appeler au secours et
de murmurer sa formule d'exorcisme[1] ; mais la terreur lui serrait
trop violemment la gorge : il ne put pousser qu'un faible râle. Le
Diable appuya ses mains griffues sur les épaules d'Henrich et le
fit plonger de force dans le plancher ; puis entra en scène, sa
40 réplique étant venue, comme un comédien consommé.

---

1. Du grec *exorkizein*, « faire prêter ser-
ment ». Cérémonie ou acte pour exorciser,
c'est-à-dire chasser les démons par des
prières ou des formules magiques.

BIEN LIRE

L. 33-34 : Quelle périphrase désigne le Diable ?

Ce jeu incisif[1], mordant, venimeux et vraiment diabolique, surprit d'abord les auditeurs.

« Comme Henrich est en verve aujourd'hui ! » s'écriait-on de toutes parts.

45   Ce qui produisait surtout un grand effet, c'était ce ricanement aigre comme le grincement d'une scie, ce rire de damné blasphémant les joies du paradis. Jamais acteur n'était arrivé à une telle puissance de sarcasme[2], à une telle profondeur de scélératesse : on riait et on tremblait. Toute la salle haletait d'émotion, des étincelles phosphoriques jaillissaient sous les doigts du redoutable acteur ; des traînées de flamme étincelaient à ses pieds ; les lumières du lustre pâlissaient, la rampe jetait des éclairs rougeâtres et verdâtres ; je ne sais quelle odeur sulfureuse[3] régnait dans la salle ; les spectateurs étaient comme en délire, et des tonnerres d'applaudissements frénétiques ponctuaient chaque phrase du merveilleux Méphistophélès, qui souvent substituait des vers de son invention à ceux du poète, substitution toujours heureuse et acceptée avec transport.

Katy, à qui Henrich avait envoyé un coupon de loge, était dans une inquiétude extraordinaire ; elle ne reconnaissait pas

---

1. Du latin *incidere*, « couper ». Qui va droit au but, mordant, acerbe.
2. Du grec *sarkazein*, « mordre la chair ». Moquerie mordante, acerbe.
3. Relatif au soufre. Or, selon la légende, le Diable est censé dégager une odeur de soufre.

BIEN LIRE

L. 41 : Comment comprenez-vous l'épithète « venimeux » concernant le jeu du Diable ?
L. 45-58 : Retrouvez dans ce paragraphe tous les éléments qui appartiennent à l'esthétique diabolique.

son cher Henrich ; elle pressentait vaguement quelque malheur avec cet esprit de divination que donne l'amour, cette seconde vue de l'âme.

La représentation s'acheva dans des transports inimaginables.
65 Le rideau baissé, le public demanda à grands cris que Méphistophélès reparût. On le chercha vainement ; mais un garçon de théâtre vint dire au directeur qu'on avait trouvé dans le second dessous M. Henrich, qui sans doute était tombé par une trappe. Henrich était sans connaissance : on l'emporta chez
70 lui, et, en le déshabillant, l'on vit avec surprise qu'il avait aux épaules de profondes égratignures, comme si un tigre eût essayé de l'étouffer entre ses pattes. La petite croix d'argent de Katy l'avait préservé de la mort, et le Diable, vaincu par cette influence, s'était contenté de le précipiter dans les caves du
75 théâtre.

La convalescence d'Henrich fut longue : dès qu'il se porta mieux, le directeur vint lui proposer un engagement des plus avantageux, mais Henrich le refusa ; car il ne se souciait nullement de risquer son salut une seconde fois, et savait, d'ailleurs,
80 qu'il ne pourrait jamais égaler sa redoutable doublure.

Au bout de deux ou trois ans, ayant fait un petit héritage, il

BIEN LIRE

L. 64 : Comment peut-on interpréter la séduction exercée par le « nouveau comédien » ? Par-delà l'excellence du jeu d'acteur, ne retrouve-t-on pas une des caractéristiques traditionnelles du Diable ?

L. 76-80 : Pour quelles raisons Henrich renonce-t-il au théâtre ?

épousa la belle Katy, et tous deux, assis côte à côte près d'un poêle de Saxe, dans un parloir bien clos, ils causent de l'avenir de leurs enfants.

85   Les amateurs de théâtre parlent encore avec admiration de cette merveilleuse soirée, et s'étonnent du caprice d'Henrich, qui a renoncé à la scène après un si grand triomphe.

BIEN LIRE

**L. 81-84 : Pour quelle raison Henrich attend-il « deux ou trois ans »
avant d'épouser Katy ?**

Maupassant
La Nuit

CAUCHEMAR

J'aime la nuit avec passion. Je l'aime comme on aime son
pays ou sa maîtresse, d'un amour instinctif, profond, invincible. Je l'aime avec tous mes sens, avec mes yeux qui la voient,
avec mon odorat qui la respire, avec mes oreilles qui en écou-
5 tent le silence, avec toute ma chair que les ténèbres caressent.
Les alouettes chantent dans le soleil, dans l'air bleu, dans l'air
chaud, dans l'air léger des matinées claires. Le hibou fuit dans
la nuit, tache noire qui passe à travers l'espace noir, et, réjoui,
grisé par la noire immensité, il pousse son cri vibrant et sinistre.
10 Le jour me fatigue et m'ennuie. Il est brutal et bruyant. Je
me lève avec peine, je m'habille avec lassitude, je sors avec
regret, et chaque pas, chaque mouvement, chaque geste,
chaque parole, chaque pensée me fatigue comme si je soulevais
un écrasant fardeau.
15 Mais quand le soleil baisse, une joie confuse, une joie de tout
mon corps m'envahit. Je m'éveille, je m'anime. À mesure que
l'ombre grandit, je me sens tout autre, plus jeune, plus fort,
plus alerte, plus heureux. Je la regarde s'épaissir, la grande

BIEN LIRE

L. 3-5 : Comment sont sollicités les sens dans ce paragraphe ?
L. 1-22 : Quels mots valorisent la nuit aux dépens du jour, dans ces
trois premiers paragraphes ? Est-ce habituel ?

ombre douce tombée du ciel : elle noie la ville, comme une
20 onde insaisissable et impénétrable, elle cache, efface, détruit les
couleurs, les formes, étreint les maisons, les êtres, les monu-
ments de son imperceptible toucher.

Alors j'ai envie de crier de plaisir comme les chouettes, de
courir sur les toits comme les chats ; et un impétueux[1], un
25 invincible désir d'aimer s'allume dans mes veines.

Je vais, je marche, tantôt dans les faubourgs assombris, tantôt dans les bois voisins de Paris, où j'entends rôder mes sœurs
les bêtes et mes frères les braconniers.

Ce qu'on aime avec violence finit toujours par vous tuer.
30 Mais comment expliquer ce qui m'arrive ? Comment même
faire comprendre que je puisse le raconter ? Je ne sais pas, je ne
sais plus, je sais seulement que cela est.

– Voilà.

Donc hier – était-ce hier ? – oui, sans doute, à moins que ce
35 ne soit auparavant, un autre jour, un autre mois, une autre
année, – je ne sais pas. Ce doit être hier pourtant, puisque le
jour ne s'est plus levé, puisque le soleil n'a pas reparu. Mais
depuis quand la nuit dure-t-elle ? Depuis quand ?... Qui le
dira ? qui le saura jamais ?

---

1. Du latin *impetus*, « im-
pulsion, élan ». Se dit
d'une personne qui agit
avec fougue et emporte-
ment.

BIEN LIRE

**L. 29 : « Ce qu'on aime avec violence... » :
comment appelle-t-on ce présent ?**

**L. 34-39 : Comment, dans ce paragraphe,
l'auteur glisse-t-il du présent au passé ?
Pourquoi suspend-il sa 1re phrase ? Dans quelle
mesure nous inquiète-t-il dès ce moment ?**

40 Donc, hier, je sortis comme je fais tous les soirs, après mon dîner. Il faisait très beau, très doux, très chaud. En descendant vers les boulevards, je regardais au-dessus de ma tête le fleuve noir et plein d'étoiles découpé dans le ciel par les toits de la rue qui tournait et faisait onduler comme une vraie rivière ce ruis-
45 seau roulant des astres.

Tout était clair dans l'air léger, depuis les planètes jusqu'aux becs de gaz. Tant de feux brillaient là-haut et dans la ville que les ténèbres en semblaient lumineuses. Les nuits luisantes sont plus joyeuses que les grands jours de soleil.

50 Sur le boulevard, les cafés flamboyaient ; on riait, on passait, on buvait. J'entrai au théâtre, quelques instants ; dans quel théâtre ? je ne sais plus. Il y faisait si clair que cela m'attrista et je ressortis le cœur un peu assombri par ce choc de lumière bru-tale sur les ors du balcon, par le scintillement factice du lustre
55 énorme de cristal, par la barrière du feu de la rampe[1], par la mélancolie de cette clarté fausse et crue. Je gagnai les Champs-Élysées où les cafés-concerts semblaient des foyers d'incendie dans les feuillages. Les marronniers frottés de lumière jaune avaient l'air peints, un air d'arbres phosphorescents. Et les
60 globes électriques, pareils à des lunes éclatantes et pâles, à des

1. La rampe, placée au bord de la scène et qui éclaire de nos jours les acteurs avec des projecteurs, était à l'époque constituée de petits globes de verre dans lesquels brûlait la flamme du gaz.

BIEN LIRE

L. 50-64 : Relevez tous les termes qui impliquent une fausse lumière, une apparence trompeuse, qui heurtent le narrateur.

œufs de lune tombés du ciel, à des perles monstrueuses, vivantes, faisaient pâlir sous leur clarté nacrée, mystérieuse et royale les filets de gaz, de vilain gaz sale, et les guirlandes de verres de couleur.

65 Je m'arrêtai sous l'Arc de Triomphe pour regarder l'avenue, la longue et admirable avenue étoilée[1], allant vers Paris entre deux lignes de feux, et les astres ! Les astres là-haut, les astres inconnus jetés au hasard dans l'immensité où ils dessinent ces figures bizarres, qui font tant rêver, qui font tant songer.

70 J'entrai dans le bois de Boulogne et j'y restai longtemps, longtemps. Un frisson singulier m'avait saisi, une émotion imprévue et puissante, une exaltation de ma pensée qui touchait à la folie.

Je marchai longtemps, longtemps. Puis je revins.

75 Quelle heure était-il quand je repassai sous l'Arc de Triomphe ? Je ne sais pas. La ville s'endormait, et des nuages, de gros nuages noirs s'étendaient lentement sur le ciel.

Pour la première fois je sentis qu'il allait arriver quelque chose d'étrange, de nouveau. Il me sembla qu'il faisait froid, 80 que l'air s'épaississait, que la nuit, que ma nuit bien-aimée, devenait lourde sur mon cœur. L'avenue était déserte, maintenant. Seuls, deux sergents de ville se promenaient auprès de la station des fiacres[2], et, sur la chaussée à peine éclairée par les becs de gaz qui paraissaient mourants, une file de voitures de

---

1. Le narrateur joue sur le double sens du mot : poétique et topographique.
2. Ces voitures, tirées par des chevaux, étaient les taxis de l'époque.

légumes allait aux Halles[1]. Elles allaient lentement, chargées de
carottes, de navets, et de choux. Les conducteurs dormaient,
invisibles, les chevaux marchaient d'un pas égal, suivant la voiture précédente, sans bruit, sur le pavé de bois. Devant chaque
lumière du trottoir, les carottes s'éclairaient en rouge, les navets
s'éclairaient en blanc, les choux s'éclairaient en vert ; et elles
passaient l'une derrière l'autre, ces voitures rouges, d'un rouge
de feu, blanches d'un blanc d'argent, vertes d'un vert d'éme-
raude. Je les suivis, puis je tournai par la rue Royale et revins sur
les boulevards. Plus personne, plus de cafés éclairés, quelques
attardés seulement qui se hâtaient. Je n'avais jamais vu Paris
aussi mort, aussi désert. Je tirai ma montre. Il était deux heures.

Une force me poussait, un besoin de marcher. J'allai donc jusqu'à la Bastille. Là, je m'aperçus que je n'avais jamais vu une nuit
si sombre, car je ne distinguais pas même la colonne de Juillet[2],

1. Jusqu'aux années 1970, les
Halles constituaient, au cœur de
Paris, le grand marché alimentaire
de la capitale.
2. Cette colonne célèbre la révolu-
tion de 1830, notamment les 28, 29
et 30 juillet, ces « Trois Glorieuses »
durant lesquelles le roi Charles X
s'enfuit, laissant le peuple insurgé
croire à une république. Louis-
Philippe lui succéda, poursuivant la
même politique antidémocratique.
En février 1848, une nouvelle révo-
lution imposa la IIe République qui
érigea la colonne sur l'emplace-
ment de la prison (Bastille) détruite
en 1789.

BIEN LIRE

**L. 86-88 : Les chevaux « marchent »...
mais où sont les conducteurs des
voitures ? Pourquoi ? Quelle autre
précision dans cette page nous montre
un Paris quasiment désert ?**

**L. 88-93 : Pour quelles raisons ces
couleurs sont-elles si vives ?**

**L. 96 : Le narrateur est sorti « après
[son] dîner » (l. 40-41, p. 45). Repérez,
à partir de là, les divers repères
temporels qui nous permettent d'arriver
à deux heures du matin (l. 96, p. 47).**

dont le génie d'or était perdu dans l'impénétrable obscurité. Une voûte de nuages, épaisse comme l'immensité, avait noyé les étoiles, et semblait s'abaisser sur la Terre pour l'anéantir.

Je revins. Il n'y avait plus personne autour de moi. Place du Château-d'Eau, pourtant, un ivrogne faillit me heurter, puis il disparut. J'entendis quelque temps son pas inégal et sonore. J'allais. À la hauteur du faubourg Montmartre un fiacre passa, descendant vers la Seine. Je l'appelai. Le cocher ne répondit pas. Une femme rôdait près de la rue Drouot : « Monsieur, écoutez donc. » Je hâtai le pas pour éviter sa main tendue. Puis plus rien. Devant le Vaudeville[1], un chiffonnier fouillait le ruisseau. Sa petite lanterne flottait au ras du sol. Je lui demandai : « Quelle heure est-il, mon brave ? »

Il grogna : « Est-ce que je sais ! J'ai pas de montre. »

Alors je m'aperçus tout à coup que les becs de gaz étaient éteints. Je sais qu'on les supprime de bonne heure, avant le jour, en cette saison, par économie ; mais le jour était encore loin, si loin de paraître !

« Allons aux Halles, pensai-je, là au moins je trouverai la vie[2]. »

---

1. Théâtre spécialisé dans le genre du vaudeville, cette comédie légère qui se fonde sur un comique d'intrigue et de quiproquos et est parfois entrecoupée de chansons.
2. Les marchands viennent se fournir aux Halles entre quatre et cinq heures du matin, afin de pouvoir rapporter et ranger la marchandise avant l'ouverture des magasins.

BIEN LIRE

L. 112-113 : Remarquez comment, par une anecdote, Maupassant évacue le problème du temps.

Je me mis en route, mais je n'y voyais même pas pour me
120 conduire. J'avançais lentement, comme on fait dans un bois,
reconnaissant les rues en les comptant.

Devant le Crédit Lyonnais, un chien grogna. Je tournai par la
rue de Grammont, je me perdis : j'errai, puis je reconnus la
Bourse aux grilles de fer qui l'entourent. Paris entier dormait,
125 d'un sommeil profond, effrayant. Au loin pourtant un fiacre rou-
lait, un seul fiacre, celui peut-être qui avait passé devant moi tout
à l'heure. Je cherchais à le joindre, allant vers le bruit de ses roues,
à travers les rues solitaires et noires, noires, noires comme la mort.

Je me perdis encore. Où étais-je ? Quelle folie d'éteindre si
130 tôt le gaz ! Pas un passant, pas un attardé, pas un rôdeur, pas un
miaulement de chat amoureux. Rien.

Où donc étaient les sergents de ville ? Je me dis : « Je vais
crier, ils viendront. » Je criai. Personne ne répondit.

J'appelai plus fort. Ma voix s'envola, sans écho, faible, étouf-
135 fée, écrasée par la nuit, par cette nuit impénétrable.

Je hurlai : « Au secours ! au secours ! au secours ! »

BIEN LIRE

L. 122 : Après la disparition progressive des hommes, quel est le dernier être vivant rencontré ?

L. 124-125 : Pourquoi le sommeil de Paris est-il qualifié d'« effrayant » ?

L. 127-128 : Quelle comparaison nous fait définitivement glisser dans le fantastique ?

L. 129-136 : Pourquoi, à votre avis, les paragraphes sont de plus en plus courts ? Qu'expriment ces incessants passages à la ligne ?

Mon appel désespéré resta sans réponse. Quelle heure était-il donc ? Je tirai ma montre, mais je n'avais point d'allumettes. J'écoutai le tic-tac léger de la petite mécanique avec une joie
140 inconnue et bizarre. Elle semblait vivre. J'étais moins seul. Quel mystère ! Je me remis en marche comme un aveugle, en tâtant les murs de ma canne, et je levais à tout moment les yeux vers le ciel, espérant que le jour allait enfin paraître ; mais l'espace était noir, tout noir, plus profondément noir que la ville.

145   Quelle heure pouvait-il être ? Je marchais, me semblait-il, depuis un temps infini, car mes jambes fléchissaient sous moi, ma poitrine haletait, et je souffrais de la faim horriblement.

Je me décidai à sonner à la première porte cochère. Je tirai le bouton de cuivre, et le timbre tinta dans la maison sonore ; il
150 tinta étrangement comme si ce bruit vibrant eût été seul dans cette maison.

J'attendis, on ne répondit pas, on n'ouvrit point la porte. Je sonnai de nouveau ; j'attendis encore, – rien !

J'eus peur ! Je courus à la demeure suivante, et vingt fois de
154 suite je fis résonner la sonnerie dans le couloir obscur où devait dormir le concierge. Mais il ne s'éveilla pas, – et j'allai plus loin, tirant de toutes mes forces les anneaux ou les boutons,

---

BIEN LIRE

L. 144 : Que signifie, symboliquement, le fait que le ciel est encore « plus profondément noir que la ville » ?

L. 148-159 : À quels comportements peut-on voir la panique qui peu à peu gagne le narrateur ?

heurtant de mes pieds, de ma canne et de mes mains les portes
obstinément closes.

160   Et tout à coup, je m'aperçus que j'arrivais aux Halles. Les
Halles étaient désertes, sans un bruit, sans un mouvement, sans
une voiture, sans un homme, sans une botte de légumes ou de
fleurs. – Elles étaient vides, immobiles, abandonnées, mortes !

Une épouvante me saisit, – horrible. Que se passait-il ? Oh !
165 mon Dieu ! que se passait-il ?

Je repartis. Mais l'heure ? l'heure ? qui me dirait l'heure ?
Aucune horloge ne sonnait dans les clochers ou dans les monu-
ments. Je pensai : « Je vais ouvrir le verre de ma montre et tâter
l'aiguille avec mes doigts. » Je tirai ma montre... elle ne battait
170 plus... elle était arrêtée. Plus rien, plus rien, plus un frisson dans
la ville, pas une lueur, pas un frôlement de son dans l'air. Rien !
plus rien ! plus même le roulement lointain du fiacre, – plus
rien !

J'étais aux quais, et une fraîcheur glaciale montait de la
175 rivière.

La Seine coulait-elle encore ?

Je voulus savoir, je trouvai l'escalier, je descendis... Je n'en-
tendais pas le courant bouillonner sous les arches du pont...

BIEN LIRE

L. 163 : Si le narrateur errait dans un monde logique, quelle heure
devrait-il être et dans quel état aurait-il dû trouver les Halles de
Paris ?

L. 169-170 : Que symbolise l'arrêt de la montre du narrateur ?

L. 170-173 : Quel est l'effet obtenu par la répétition anaphorique du
mot « rien » ?

Des marches encore... puis du sable... de la vase... puis de
180 l'eau... j'y trempai mon bras... elle coulait... elle coulait...
froide... froide... froide... presque gelée... presque tarie...
presque morte.

Et je sentais bien que je n'aurais plus jamais la force de
remonter... et que j'allais mourir là... moi aussi, de faim – de
185 fatigue – et de froid.

BIEN LIRE

L. 177-185 : Quels signes de ponctuation, qui se multiplient ici,
produisent un effet particulier ? Et quel effet ?
L. 183-185 : Pour quelle raison la dernière phrase du récit est-elle
à l'imparfait ? Quelle est la valeur ici de ce temps ?

Gogol
La Perspective Neski

Traduction de Sylvie HOWLETT

Il n'y a rien de plus beau que la perspective[1] Nevski, du
moins à Pétersbourg[2] : la capitale n'est rien sans elle. Que
manque-t-il à cette rue, beauté suprême de notre capitale ? Je
suis convaincu qu'aucun de ses habitants, pâles et gradés,
5 n'échangerait cette perspective Nevski pour rien au monde.
Tous en sont enthousiastes : autant celui qui a vingt-cinq ans,
de jolies moustaches et un costume admirablement coupé, que
celui dont le menton se hérisse de touffes blanches, sous un
crâne aussi lisse qu'un plat d'argent.

10 Mais quant aux dames ! Oh ! la perspective Nevski plaît
encore plus aux dames. D'ailleurs, à qui ne plaît-elle pas ? À
peine y a-t-on mis le pied, qu'on se sent déjà prêt à flâner.
Même si vous avez une affaire urgente à régler, vous n'êtes pas
plus tôt entré dans cette rue que vous oubliez à coup sûr toute
15 affaire. C'est le seul endroit où l'on ne se rend pas par nécessité,

---

1. En Russie, la *perspective* est une grande avenue.
2. La ville de Saint-Pétersbourg a été fondée par
Pierre le Grand (1682-1725), tsar dont l'origine
allemande se retrouve dans le nom de la capitale : *Pétersbourg* signifie « ville de Pierre ».
Pendant la Première Guerre mondiale, l'hostilité
contre les Allemands provoqua une « russifica-
tion » du nom : Petrograd. À la mort de Lénine, la
ville fut rebaptisée Leningrad. Depuis 1989, elle
a retrouvé son premier nom, mais les Russes pré-
fèrent l'appeler Pétersbourg, voire Péter.

BIEN LIRE

**L. 1 : Le récit commence-t-il
par un comparatif ou par un
superlatif ?**
**L. 1-11 : Quelles autres
expressions expriment la
même admiration ?**

poussé par cet intérêt mercantile[1] qui envahit tout Pétersbourg. Il semble que les gens qu'on rencontre perspective Nevski soient moins égoïstes qu'ailleurs, rue Morskaïa, rue Gorokhonaïa ou encore perspective Litiéïni[2], où la cupidité, l'intérêt et le besoin se lisent sur le visage des piétons comme sur celui des passagers de calèche ou de drojki[3]. La perspective Nevski est la grande artère de Pétersbourg. Ici, celui qui habite la rive droite et qui, depuis des années, n'a plus revu son ami demeurant près de la barrière de Moscou peut être sûr et certain de le rencontrer. Aucun carnet d'adresses, aucun bureau de renseignements ne vous donnera des informations aussi sûres que la perspective Nevski. Toute-puissante perspective Nevski ! unique lieu de promenade dans notre capitale, si pauvre en distractions ! Comme ses trottoirs sont propres ! et Dieu sait pourtant combien de pieds y ont laissé leurs traces ! La lourde botte, pleine de boue, du soldat à la retraite, dont le poids devrait fendre même le granit ; le soulier minuscule, léger comme la fumée, de la jeune dame qui se tourne vers les vitrines brillantes,

---

1. De l'italien *mercante*, « marchand ». Ce terme a une connotation péjorative. Il désigne celui qui est poussé par l'appât du gain.
2. C'est-à-dire : rue de la Mer, rue des Pois, ou encore avenue des Fonderies.
3. Petite voiture tirée par un cheval.

BIEN LIRE

L. 27-38 : Quel est le signe de ponctuation le plus fréquent dans cette description ?

L. 29-36 : Dans cette énumération, quelles précisions sont des notations réalistes et lesquelles sont des remarques ironiques ?

L. 30-36 : Gogol multiplie les synecdoques – procédé rhétorique qui présente la partie pour le tout. Trouvez-en trois.

comme un tournesol vers le soleil ; le sabre du sous-lieutenant
35 rempli d'espérances qui raye bruyamment le trottoir : tout y
laisse son empreinte – autant la force que la faiblesse.

Quelles fantasmagories s'y déroulent en un seul jour !
Combien de changements en l'espace d'un seul instant !
Commençons dès l'aube, quand tout Pétersbourg embaume le
40 pain chaud tout juste retiré du four et se retrouve envahi par
une multitude de petites vieilles aux vêtements troués qui font
la tournée des églises et des passants compatissants. À cette
heure-là, la perspective Nevski est vide : les gros gérants de
magasins et leurs commis dorment encore dans leur chemise de
45 Hollande ou bien rasent leurs nobles joues et prennent leur
café ; les mendiants se rassemblent aux portes des pâtisseries où
un ganymède[1] ensommeillé, qui, hier encore, un chocolat à la
main, volait comme une mouche, sort, sans cravate, un balai à
la main, et distribue de vieux restes et des gâteaux rassis. Des
50 travailleurs avancent sans se presser et parfois des moujiks la
traversent en courant, avec des bottes si barbouillées de chaux
que même les eaux du canal Ékatérinski[2], célèbres pour leur
pureté, ne pourraient les nettoyer.

---

1. Nom tiré de la mythologie grecque. Ganymède, prince troyen, fut enlevé par Zeus qui en fit l'échanson (celui qui sert les boissons) des dieux. Ce nom propre, devenu commun, désigne ironiquement les serveurs.
2. Canal de Catherine.

BIEN LIRE

L. 42-59 : Plusieurs classes sociales sont évoquées. Lesquelles ? Leurs représentants sont-ils rangés dans un ordre précis ?

À cette heure-là, il serait très gênant pour une dame de sortir dans la rue car le peuple russe affectionne ces expressions crues que les dames n'entendent jamais, même au théâtre. Parfois, un fonctionnaire[1] endormi, sa serviette sous le bras, s'avance lentement sur la perspective Nevski, si toutefois il doit l'emprunter pour gagner son ministère. On peut affirmer qu'à cette heure-là, c'est-à-dire vers midi, la perspective Nevski n'est un but pour personne, seulement un moyen : elle se remplit progressivement de gens qui ont leurs occupations, leurs soucis et leurs ennuis, mais qui ne songent absolument pas à elle. Le moujik discute de petits et de gros sous, les vieux et les vieilles gesticulent en parlant tout seuls, parfois avec des mouvements très expressifs ; mais personne ne les écoute ni ne se moque d'eux, sauf peut-être quelque gamin en tablier de coton qui court, vif comme l'éclair, à travers la perspective en portant des bouteilles vides ou une paire de bottes neuves. À cette heure-là, quelle que soit votre tenue – casquette en guise de chapeau ou col dépassant de la cravate –, personne n'y prêtera attention.

À midi, la perspective Nevski est envahie par des précepteurs de toutes les nationalités avec leurs élèves au col de batiste. Les

---

1. L'Empire russe a développé une administration puissante et nombreuse. Les fonctionnaires sont classés selon une échelle de quatorze grades, ou *tchins*, ayant leurs équivalents militaires et souvent évoqués dans cette nouvelle. L'uniforme vert et les décorations portés par les fonctionnaires indiquent leur statut et leur rémunération. Les fonctionnaires sont obligatoirement rasés, mais, comme nous le voyons, se rattrapent sur les favoris.

BIEN LIRE

L. 59-73 : Quels indices (adverbes ou groupes circonstanciels) nous renseignent sur le temps qui passe, du matin à la mi-journée ?

John anglais et les Jean français se promènent bras dessus bras
75 dessous avec les enfants confiés à leurs soins et leur expliquent
avec un grand sérieux que les enseignes sont placées au-dessus
des magasins pour qu'on puisse ainsi savoir ce qui se vend dans
ces mêmes magasins.

Les gouvernantes, pâles *misses*[1] ou Slaves aux joues roses, sui-
80 vent majestueusement des fillettes graciles et agitées, en leur
recommandant de redresser les épaules et de se tenir plus
droites. Bref, à cette heure-là, la perspective Nevski est nette-
ment pédagogique... Mais plus on approche de deux heures,
plus les gouvernantes, les précepteurs et leurs élèves se font
85 rares : ils cèdent enfin la place aux tendres pères de ces derniers,
donnant le bras à leur compagne nerveuse, vêtue d'une robe
chamarrée. Peu à peu les rejoignent tous ceux qui ont accompli
leurs devoirs domestiques, d'importance diverse : il y a ceux qui
se sont entretenus du temps ou d'un petit bouton[2] apparu sur
90 leur nez ; ceux qui ont pris des nouvelles de la santé de leurs
chevaux ou de leurs enfants, lesquels d'ailleurs présentent de
grandes aptitudes ; ceux qui ont lu l'affiche d'un spectacle ou
un article important, dans un journal, sur les personnalités de
passage dans la capitale ; et enfin ceux qui ont avalé une tasse
95 de café ou de thé. Puis viennent les rejoindre ceux qu'un sort

---

1. Les enfants de la noblesse et de la haute bourgeoisie avaient des précepteurs et gouvernantes
anglais ou français. Il était recommandé, dans les salons mondains, de ne pas prononcer un mot de
russe. Le français avait souvent la préférence sur l'anglais au début du XIXᵉ siècle.
2. C'est une référence interne aux *Récits de Saint-Pétersbourg*, dont la nouvelle *Le Nez* commence
par la découverte de ce fameux petit bouton avant que le nez quitte son propriétaire...

enviable a élevés au rang béni de fonctionnaire en mission spéciale. Puis ce sont les fonctionnaires du ministère des Affaires étrangères, qui se distinguent par la noblesse de leurs occupations et de leurs manières. Mon Dieu ! comme il y a de belles
100 fonctions, et de beaux métiers ! comme ils vous élèvent et vous ravissent l'âme ! Mais moi, hélas ! je ne suis pas fonctionnaire et je suis privé du plaisir de connaître les délicates attentions de mes chefs. Tous ceux que vous rencontrerez alors perspective Nevski vous paraîtront fort convenables : des hommes en
105 longue redingote, les mains dans les poches des dames portant manteau et chapeau de satin rose, blanc ou bleu ciel. Ici, vous rencontrerez des favoris uniques au monde, passés avec un art étonnant et subtil sous la cravate, des favoris brillants, satinés et noirs comme le charbon ou la zibeline, mais qui ne sont l'apanage, hélas ! que des fonctionnaires des Affaires étrangères.
110 Quant aux fonctionnaires des autres administrations, la Providence leur a interdit les favoris noirs ; ils doivent, à leur plus grand dépit, porter des favoris roux. Vous rencontrerez encore des moustaches étonnantes, qu'aucun pinceau, aucune
115 plume ne saurait reproduire ; des moustaches auxquelles leur propriétaire consacre la meilleure part de sa vie, objet de tous

BIEN LIRE

L. 95-103 : Dans ces lignes, une exclamation est particulièrement ironique. Trouvez-la.

L. 106-113 : Qui porte des favoris noirs ? et des favoris roux ?

ses soins, de jour comme de nuit, moustaches nappées des parfums les plus suaves et enduites des pommades les plus rares, moustaches enveloppées pour la nuit dans du papier de soie,
120 moustaches enfin qui témoignent des tendres soucis de leur propriétaire et que les passants lui envient.

La foule des chapeaux, des robes et des fichus chamarrés et légers – auxquels leur propriétaire peut rester fidèle jusqu'à deux jours d'affilée – éblouit tous les passants de la perspective
125 Nevski. On dirait qu'une nuée de papillons s'est levée et volette au-dessus des scarabées noirs du sexe fort. Ici, vous rencontrerez des tailles comme vous n'en avez jamais rêvé, des tailles fines et étroites, pas plus larges que le col d'une bouteille et dont vous vous écarterez respectueusement dans la crainte de les frô-
130 ler d'un coude maladroit, votre cœur palpitant de frayeur à l'idée que vous pourriez, d'un souffle, briser ce chef-d'œuvre de la nature et de l'art. Et quelles manches vous trouverez perspective Nevski ! Ah ! quel délice ! Elles ressemblent quelque peu à des ballons, si bien que l'on pourrait voir une dame s'envoler
135 subitement dans les airs si son cavalier ne la retenait pas, car soulever une dame en l'air est aussi facile et agréable que de porter à ses lèvres une coupe de champagne. Nulle part, quand on

BIEN LIRE

L. 122-137 : Gogol caractérise les dames qui se promènent par des détails vestimentaires précis. Lesquels ?

se rencontre, on ne se salue avec autant d'élégance et de noblesse qu'ici. Vous y trouverez des sourires uniques, des sou-
140 rires encore supérieurs à l'art, des sourires capables de vous faire fondre de plaisir. Certains vous courberont à terre ; d'autres vous élèveront plus haut que la flèche de l'Amirauté. Ici, vous entendrez parler des concerts ou du temps qu'il fait sur un ton d'une rare noblesse et avec le sentiment d'une grande dignité.
145 Ici, vous rencontrerez nombre de phénomènes et de caractères très étranges. Mon Dieu ! que de personnages étonnants on rencontre perspective Nevski.

Il y a quantité de gens qui invariablement, en vous croisant, inspectent vos bottines et qui, quand vous êtes passé, se retour-
150 nent pour examiner la coupe de votre habit. Je n'ai pas encore réussi à comprendre pourquoi. J'ai d'abord pensé que c'étaient des cordonniers, mais pas du tout ! La plupart du temps, ils travaillent dans diverses administrations et nombre d'entre eux sont capables de rédiger des rapports soignés ; d'autres passent
155 leur temps à se promener et à lire les journaux dans les pâtis-series, bref : ce sont des gens fort convenables. À ce moment de la journée, de deux à trois, moment d'intense activité de la perspective Nevski, on peut assister à une grande exposition

BIEN LIRE | **L. 156-165 : Dans la description des personnages, quels termes nous incitent à penser que la société pétersbourgeoise est superficielle et théâtrale ?**

des plus belles réalisations humaines. L'un exhibe une élégante
160 redingote à col de castor, l'autre un magnifique nez grec ; l'un
des favoris magnifiques, l'autre une paire d'yeux adorables et
un chapeau étonnant ; l'un une bague ornée d'un talisman au
petit doigt, l'autre un petit pied dans un soulier charmant ;
l'un une cravate stupéfiante, l'autre des moustaches fasci-
165 nantes...

Mais trois heures sonnent : l'exposition s'achève, la foule se
disperse. Changement complet. Le printemps s'empare soudain de la perspective Nevski qui se couvre de fonctionnaires
en uniforme vert. Des conseillers titulaires, auliques et autres,
170 se précipitent chez eux, morts de faim. Les jeunes assesseurs de
collège[1], les secrétaires de province et de collège se hâtent pour
profiter de leur pause et arpenter la perspective Nevski d'une
démarche nonchalante, censée indiquer qu'ils ne sont pas du
tout restés assis six heures d'affilée au bureau. Mais les vieux
175 secrétaires de collège, les vieux conseillers titulaires et auliques

1. Selon la fameuse échelle des rangs qui classe les fonctionnaires, le quatorzième et dernier rang est attribué
aux débutants : les enregistreurs de collège, c'est-à-dire
de ministère. Nous verrons passer des secrétaires de
gouvernement (ou de province), 12e rang ; des secrétaires de collège, 10e rang (lieutenant dans l'armée) ; des
conseillers titulaires, 9e rang ; des assesseurs de collège, 8e rang (major dans l'armée) ; des conseillers
auliques (c'est-à-dire de cour), 7e rang ; des conseillers
de collège, 6e rang ; et des conseillers d'État, 5e rang.
Devenir fonctionnaire permet d'accéder à la noblesse,
qui devient héréditaire à partir du 8e rang. Cette hiérar-
chie est une véritable obsession en Russie.

BIEN LIRE

L. 166-182 : Quelle est
la phrase la plus courte
de ce paragraphe ?
Comment appelle-t-on
ce type de phrase ?
À quoi Gogol compare-
t-il le cerveau des vieux
fonctionnaires ?
Que suggère cette
comparaison ?

marchent rapidement, tête baissée ; c'est qu'ils ont autre chose à faire que de s'intéresser aux passants ; ils ne se sont pas encore débarrassés de leurs soucis : c'est le chaos complet dans leur cerveau – on dirait des archives croulant sous les affaires en
180 cours. Et longtemps encore, ils ne voient que des cartons remplis de paperasse ou le visage rond du directeur de la chancellerie.

À partir de quatre heures, la perspective Nevski se vide et vous ne pourriez plus y rencontrer un seul fonctionnaire.
185 Quelque couturière sort en courant d'un magasin et traverse la perspective Nevski, un carton sous le bras, ou encore c'est la pitoyable proie d'un usurier philanthrope[1], jetée à la rue avec son vieux manteau ; un original de passage dans la capitale et qui n'a pas d'heure ; quelque Anglaise, grande et mince, avec
190 son petit sac et son petit livre ; un encaisseur en redingote de coton à taille haute, avec une barbe maigre, une vie misérable et instable, et un corps passablement agité – dos, bras, jambes, tête – quand il marche sur le trottoir avec son air courtois. C'est aussi, parfois, un médiocre artisan qui s'avance, mais
195 vous ne rencontrerez personne d'autre sur la perspective Nevski.

Mais dès que le crépuscule descend sur les maisons et les rues, dès que le veilleur de nuit s'enveloppe dans sa houppe-

---

1. Ce mot, du grec *philos*, « qui aime », et *anthrôpos*, « l'homme », désigne une attitude généreuse et bienveillante envers l'humanité. Ici, il est employé par antiphrase (procédé d'ironie) : le narrateur pense exactement le contraire de ce qu'il écrit.

lande et grimpe à son échelle pour allumer les réverbères et
200 qu'aux vitrines basses des magasins apparaissent des estampes
qu'on n'oserait montrer en plein jour, la perspective Nevski
recommence à vivre et à s'agiter. C'est l'heure mystérieuse où
les lampes jettent sur toutes choses une lumière séduisante et
merveilleuse. Vous rencontrerez alors nombre de jeunes gens,
205 célibataires pour la plupart, bien chaudement vêtus. À cette
heure-là, on devine qu'ils ont un but ou plutôt quelque chose
de très vague qui ressemble à un but. Leur démarche rapide
devient assez incertaine : de longues ombres glissent sur les
murs, sur la chaussée, et leur tête semble toucher le pont
210 Politzeïski. Les jeunes assesseurs et secrétaires de collège se promènent longuement ; mais les vieux assesseurs de collège, les
vieux conseillers titulaires et auliques restent chez eux – soit
parce qu'ils sont mariés, soit parce que leur cuisinière allemande leur prépare de bons petits plats. Vous y rencontrerez
215 aussi ces vieillards respectables qui parcouraient à deux heures
la perspective Nevski d'un air si important et si noble, mais
vous les verrez alors courir comme des jeunes gens et glisser un
œil sous le chapeau des dames, aperçues de loin et dont les
lèvres charnues et les joues plâtrées de rouge séduisent tant les

BIEN LIRE

L. 197-204 : Quels mots évoquent le soir ?
À quel moment l'atmosphère se fait-elle étrange et mystérieuse ?
Pourquoi ?
L. 210-222 : Pourquoi les vieux conseillers restent-ils chez eux ?
Pendant ce temps, que font les jeunes gens ? et les vieillards ?

220 promeneurs, mais plus particulièrement les commis, les encaisseurs et les marchands, en redingote allemande, qui circulent toujours en bande, bras dessus, bras dessous.

« Arrête ! s'écria soudain le lieutenant Pirogov[1], en retenant son compagnon, un jeune homme en habit et manteau qui
225 marchait à ses côtés. Tu as vu ?

– Oui, j'ai vu : elle est admirable, tout à fait la Bianca du Pérugin[2].

– Mais de qui parles-tu ?

– Mais d'elle, celle qui a des cheveux bruns. Et quels yeux,
230 mon Dieu, quels yeux ! Tous ses traits, l'ovale du visage, le port de tête, c'est un miracle !

– Moi, je te parle de la blonde, celle qui marchait derrière elle et qui est partie de ce côté-là. Pourquoi ne suis-tu pas la petite brune, si elle te plaît tant ?

235 – Comment pourrais-je ! s'écria en rougissant le jeune homme en habit. Elle n'est pas de ces femmes qu'on rencontre le soir dans la perspective Nevski. Ce doit être une femme de la haute société, continua-t-il en soupirant. Son manteau, à lui seul, vaut bien quatre-vingts roubles !

---

1. Le nom du lieutenant est construit sur *pirog*, « pâté, gâteau » : il évoque la gourmandise. Celui de son ami, Piskariov, construit sur *pisat'*, « écrire » ou « peindre », et *piskoun*, « piailleur », évoque à juste titre la peinture, mais aussi la plainte.
2. Madone peinte par Pietro Vannucci (1448-1523), dit « le Pérugin » car il se fixa à Pérouse, au centre de sa fresque *L'Adoration des Mages*, dans la chapelle Santa Maria dei Bianchi à Pieve.

BIEN LIRE

L. 235-239 : De quel détail vestimentaire le peintre Piskariov déduit-il que la jeune fille brune appartient à la haute société ?

240 — Quel naïf, s'écria Pirogov en le poussant de force dans la direction où s'éloignait le manteau brillant. Vas-y, imbécile, tu vas la rater ! Moi, je vais suivre la blonde. »

Les deux amis se séparèrent.

« On sait bien ce que vous valez toutes », se disait Pirogov,
245 avec un sourire satisfait et présomptueux, persuadé qu'aucune beauté ne pouvait lui résister.

Le jeune homme en habit s'engagea d'un pas timide et tremblant dans la direction où se déployait au loin le manteau chamarré dont l'éclat se renforçait ou s'atténuait selon que la
250 femme s'approchait ou s'éloignait des réverbères. Son cœur battait et il pressa involontairement le pas. Il n'osait même songer à attirer l'attention de la beauté qui semblait voler devant lui et encore moins admettre la noire pensée que le lieutenant Pirogov lui avait suggérée. Il voulait seulement voir la maison
255 qu'habitait cet être délicieux qui lui semblait descendu du ciel, directement dans la perspective Nevski, et qui allait sûrement s'envoler de nouveau Dieu sait où. Il courait si vite qu'il bouscula à plusieurs reprises d'imposants messieurs à favoris gris. Ce jeune homme appartenait à cette catégorie d'hommes qui pro-
260 duisent, chez nous, une impression très étrange et qui font par-

BIEN LIRE

L. 244 : Que pense Pirogov des femmes en général ? Qu'entend-il par là ?

L. 251-254 : Quelle est la « noire pensée » que Pirogov a suggérée à son ami ?

L. 251-257 : Une métaphore filée assimile la jeune fille brune à une créature céleste. Quels en sont les termes ?

tie de la population pétersbourgeoise au même titre qu'un visage entrevu en rêve fait partie du réel. Cette classe constitue une exception dans cette ville où ne vivent que des fonctionnaires, des marchands ou des artisans allemands. C'était un 265 peintre. N'est-ce pas un phénomène bien étrange ? Un peintre pétersbourgeois ! Un peintre au pays des neiges, au pays des Finnois, où tout est humide, plat, égal, blême, gris et brumeux. Ces peintres ne ressemblent en rien aux peintres italiens, fiers et ardents comme l'Italie et son ciel. Au contraire, ce sont, pour 270 la plupart, des êtres bons, doux, timides, insouciants, aimant paisiblement leur art, buvant du thé avec une paire d'amis dans une petite chambre et discutant modestement de ce qu'ils aiment sans se soucier du superflu. Ils amènent régulièrement chez eux quelque vieille mendiante qu'ils font poser six heures 275 d'affilée pour rendre sur la toile son air triste et indifférent. Ils peignent aussi leur chambre remplie d'un bric-à-brac artistique : bras et jambes de plâtre brunis par le temps et la poussière, chevalets cassés, palette renversée, ami joueur de guitare, taches de couleur sur les murs, fenêtre ouverte sur le scintille- 280 ment pâle de la Neva et quelques pêcheurs pauvres en chemise rouge. Ils choisissent presque toujours des tons gris, voilés, por-

BIEN LIRE

L. 268-304 : En quoi la présentation des peintres pétersbourgeois – leur cadre de vie, leur comportement, leur détachement de la réalité – contraste-t-elle avec les descriptions qui la précèdent ?

Quel est le plus grand « défaut » des peintres, selon Gogol ? Quelle en est la raison ?

tant l'empreinte indélébile du Nord. Et pourtant, c'est avec une réelle ferveur qu'ils s'adonnent à leur tâche. Ils possèdent souvent un vrai talent et, s'ils pouvaient respirer l'air vivifiant de l'Italie, leur talent se développerait aussi pleinement et brillamment qu'une plante qu'on sortirait à l'air libre. Ils sont fort timides en général. Les décorations et les épaulettes les troublent à tel point qu'ils baissent malgré eux le prix de leurs toiles. Ils aiment parfois s'habiller avec élégance, mais celle-ci semble, sur eux, trop forcée, comme une pièce rapportée. Vous les verrez parfois porter un habit d'une coupe parfaite sous un manteau sale ou un gilet de velours coûteux sous un veston maculé de peinture. De même, vous apercevrez parfois, sur une esquisse de paysage, une nymphe[1] dessinée tête en bas, jetée faute de place sur un ancien travail qu'ils avaient pourtant entamé avec enthousiasme. Ils ne vous regarderont jamais dans les yeux ou alors avec un regard trouble et incertain qui ne vous pénètre pas comme l'œil aigu de l'observateur ou l'œil d'aigle d'un officier de cavalerie. Cela vient de ce que le peintre perçoit en même temps vos traits et ceux d'un quelconque Hercule de plâtre traînant dans son atelier ou que s'impose à lui un tableau qu'il compte bientôt réaliser. C'est pour cela qu'il vous répond souvent de façon incohérente, et parfois hors de propos ; et les pensées qui l'agitent augmentent encore sa timidité.

---

1. Du grec *numphê*, « jeune fille ». Divinité des bois et des montagnes dans la mythologie grecque ; par extension, jeune fille belle et gracieuse.

305 C'est précisément à cette sorte d'artistes qu'appartenait le jeune homme dont nous nous occupons. Le peintre Piskariov était timide et craintif, mais portait en lui une de ces étincelles qui pouvaient embraser son âme dans des circonstances favorables. Plein d'un trouble mystérieux, il courait derrière la jeune
310 femme qui l'avait si fortement frappé, apparemment surpris de sa propre audace. Soudain, l'inconnue qui aimantait ses yeux, ses pensées et ses sentiments tourna la tête de son côté et lui lança un regard. Dieu ! quels traits divins ! Une chevelure d'agate couvrait un front d'une blancheur éblouissante. Quelques
315 boucles adorables, s'échappant de son chapeau, effleuraient ses joues légèrement rosies par la fraîcheur du soir et ses lèvres semblaient closes sur tout un essaim de rêves exquis. Tout ce qui nous reste de nos souvenirs d'enfance, tout ce que nous offrent la rêverie et la douce inspiration à la lumière d'une lampe, tout
320 cela semblait contenu, renforcé et renvoyé par l'ourlet harmonieux de ses lèvres. Elle jeta à Piskariov un regard qui fit frémir son cœur. C'était un regard sévère, son visage exprimait l'indignation devant cette poursuite insolente. Pourtant, sur ce visage admirable, même la colère semblait charmante. Rempli de
325 honte et de crainte, Piskariov s'arrêta, les yeux baissés.

BIEN LIRE

L. 313 : Quelle est, selon vous, la couleur d'une « chevelure d'agate » ?

Comment renoncer à cette divinité sans même connaître le temple où elle avait daigné s'établir ? De telles pensées décidèrent le jeune rêveur à reprendre sa poursuite. Mais, pour ne pas se faire remarquer, il prit quelque distance et se mit à examiner
330 les enseignes, d'un air détaché, mais sans perdre de vue les mouvements de l'inconnue. Les passants commençaient à se faire rares et la rue devenait moins animée. La belle se retourna et le jeune homme crut apercevoir un léger sourire sur ses lèvres. Il tressaillit et n'en crut pas ses yeux. Non, c'était la lueur trom-
335 peuse du réverbère qui avait dessiné ce sourire sur ses lèvres. Non ! c'étaient ses propres rêves qui se moquaient de lui. Mais sa respiration s'interrompit, tout son être fut secoué d'un tremblement indéfinissable et brûlant, et tout, autour de lui, disparut dans une sorte de brume. Le trottoir se soulevait sous ses
340 pieds, les calèches, tirées par les chevaux, paraissaient se figer, le pont se gondolait et son arc se brisait, les maisons se retournaient tête en bas, une guérite se renversait sur lui et la hallebarde du factionnaire, comme les lettres dorées et les ciseaux d'une enseigne, lui semblait accrochée à ses cils. Tout cela était
345 l'effet d'un seul regard, d'une seule inclination de sa jolie tête. Sans rien entendre, sans rien voir, sans même savoir ce qu'il fai-

BIEN LIRE

L. 313 et 326-327 : Quels sont les mots qui assimilent la jeune fille à un être surnaturel ?
L. 336-345 : Quel est l'effet du regard de l'inconnue sur Piskariov ? Quels éléments appartiennent au registre fantastique ?

sait, le jeune homme suivait le pas léger des petits pieds en ten-
tant de modérer ses propres pas dont le rythme s'accordait aux
battements de son cœur.

350   Parfois, un doute lui venait : l'expression de son visage était-
elle si bienveillante ? Alors il s'arrêtait un instant, mais les pal-
pitations de son cœur, une force irrésistible et le trouble de ses
sentiments le relançaient en avant. Il ne remarqua même pas la
maison de quatre étages qui se dressa brusquement devant lui,
355   ni toutes les fenêtres brillamment éclairées qui lui lancèrent un
bref regard, ni même la balustrade du perron qui lui opposa le
choc de ses barreaux de fer. Il vit seulement l'inconnue s'envoler dans les escaliers, lui jeter un regard et poser un doigt sur ses
lèvres en lui faisant signe de la suivre. Ses genoux tremblèrent,
360   ses sentiments et ses pensées s'embrasèrent, un éclair de joie lui
transperça le cœur. Non ! ce n'était pas une illusion ! Dieu ! quel
bonheur fulgurant ! Quelle vie miraculeuse en un seul instant !

Mais tout cela n'était-il pas un rêve ? Se pouvait-il que cette
femme, dont un seul regard lui aurait fait donner sa vie sur le
365   champ, cette femme dont il aurait reçu comme une faveur
insigne le droit d'approcher la demeure, se pouvait-il qu'elle se
montrât si bienveillante à son égard ? Il grimpa l'escalier à sa

BIEN LIRE

**L. 359-362 : Quels mots suggèrent que Piskariov est victime d'un
coup de foudre ?**

suite. Aucune pensée terrestre, aucune passion terrestre ne le dévorait : il était, à cet instant, aussi pur et chaste que l'adoles-
370 cent vierge qui n'éprouve encore qu'une aspiration vague et abstraite vers l'amour. Et ce qui, chez un débauché, n'aurait éveillé que des pensées scabreuses[1] éleva au contraire en lui les pensées les plus saintes. La confiance que lui témoignait cet être si faible et si beau, cette confiance lui imposait une retenue che-
375 valeresque et le devoir d'exécuter fidèlement tous ses ordres. Il n'avait plus qu'un désir : que ses ordres soient aussi difficiles à exécuter que possible afin de les accomplir avec d'autant plus d'ardeur. Il ne doutait pas que des circonstances importantes et mystérieuses avaient obligé l'inconnue à s'en remettre à lui et
380 qu'elle exigerait certainement de lui des services considérables. Mais il se sentait déjà la force et la résolution de tout accomplir.

L'escalier tournait et ses pensées agitées tournaient avec lui. « Faites très attention en marchant ! » résonna, semblable à une harpe, une voix qui le remplit d'un trouble nouveau.
385 L'inconnue s'arrêta dans la pénombre du troisième étage[2], elle frappa à une porte qui s'ouvrit aussitôt et ils entrèrent ensemble. Une femme assez jolie les reçut, une bougie à la main, mais elle lança à Piskariov un regard si étrange et imper-tinent qu'il baissa les yeux malgré lui. Ils entrèrent dans une
390 pièce où se tenaient trois femmes : l'une battait des cartes,

---

1. Du latin *scaber*, « rude ». Inconvenantes, indécentes.
2. Les Russes comptent les étages à partir du rez-de-chaussée. Ainsi, là où Gogol écrit *quatrième étage*, il faut comprendre « troisième étage ».

l'autre, assise au piano, jouait avec deux doigts une vague imitation de polonaise[1], la troisième peignait ses longs cheveux devant un miroir et ne semblait guère soucieuse d'interrompre sa toilette devant l'arrivée d'un inconnu. Un de ces désordres
395 déplaisants, comme on n'en trouve que dans la chambre d'un célibataire insouciant, régnait sur l'ensemble. Les meubles, assez convenables, étaient couverts de poussière, une araignée tissait sa toile sur les moulures de la corniche et, par la porte entrouverte de la chambre voisine, on voyait briller une botte à
400 éperon et la tache rouge d'un uniforme. Une grosse voix virile et un rire féminin éclataient sans aucune gêne.

Mon Dieu ! Où était-il tombé ? D'abord, il ne voulut pas y croire et se mit à examiner attentivement les objets qui encombraient la pièce ; mais les murs nus et les fenêtres sans rideaux
405 témoignaient de l'absence d'une maîtresse de maison soigneuse. Les visages usés de ces malheureuses créatures, dont l'une vint s'asseoir juste en face de lui et se mit à l'examiner aussi calmement qu'elle l'aurait fait d'une tache sur une robe, tout cela le persuadait qu'il avait mis le pied dans l'asile répugnant de la
410 triste débauche, produit d'une éducation de pacotille et de la terrible surpopulation de la capitale. Dans ce bouge, l'homme combine les sacrilèges d'étouffer et de mépriser tout ce qu'il y a

---

1. Danse de cour polonaise, à trois temps, assez lente et grave, créée au XVIe siècle. Les plus célèbres sont les *Polonaises* écrites au XIXe siècle par Chopin.

BIEN LIRE

L. 409-410 : « l'asile répugnant de la triste débauche ». Cette périphrase désigne un lieu précis : lequel ? Quels détails, dans cette page et dans la page précédente, appartiennent à la « débauche » ?

de plus saint, de plus pur, tout ce qui fait la beauté de la vie, et
la femme, cette merveille du monde, ce joyau de la création, se
415 mue en un être étrange et ambigu qui, en perdant son âme, s'est
privée de toute sa féminité et s'est ignoblement approprié les
manières et l'impudence des hommes ; elle a cessé d'être cette
faible créature, si délicieuse et si différente de nous. Piskariov la
jaugeait de la tête aux pieds avec stupéfaction, comme s'il vou-
420 lait encore se convaincre que c'était bien la même femme qui
l'avait ensorcelé perspective Nevski. Pourtant elle était toujours
aussi belle, ses cheveux étaient toujours aussi admirables et ses
yeux paraissaient toujours aussi célestes. Elle était d'une grande
fraîcheur – à peine dix-sept ans : on voyait bien que l'ignoble
425 débauche venait seulement de l'atteindre et n'avait pas encore
effleuré ses joues dont la fraîcheur était encore avivée par une
légère couleur. Elle était magnifique.

Il se tenait immobile devant elle, déjà prêt à perdre
conscience du monde tout aussi naïvement qu'il l'avait fait pré-
430 cédemment. Mais la belle s'impatienta d'un silence aussi long
et lui adressa un sourire significatif en le regardant droit dans
les yeux. Pourtant ce sourire, empreint d'une pitoyable impudence, semblait aussi étrange et déplacé sur son visage que l'expression de la piété sur la trogne d'un brigand ou la présence

BIEN LIRE

**L. 421-427 : Dans cette page, quels traits de la jeune femme sont
produits par l'imagination du peintre et quels traits sont bien réels ?**

⁴³⁵ d'un livre de comptes dans les mains d'un poète. Il sursauta. Elle entrouvrit ses lèvres charmantes et se mit à parler, mais tout ce qu'elle disait était si stupide et si banal... Comme si l'on perdait son intelligence avec sa pureté. Il ne voulait plus rien entendre. Il était vraiment aussi stupide et naïf qu'un enfant.
⁴⁴⁰ Au lieu de profiter des bonnes dispositions de la belle, au lieu de se réjouir de cet heureux hasard, comme n'importe qui l'aurait certainement fait à sa place, il se précipita comme un sauvage vers la porte et s'enfuit dans la rue.

Il se retrouva dans sa chambre, la tête inclinée, tout son corps
⁴⁴⁵ affaissé, tel un malheureux qui aurait trouvé une perle précieuse et l'aurait laissée tomber dans la mer.

« Une telle beauté, des traits aussi divins et où ça ? Dans quel bouge !... » C'était tout ce qu'il était capable de dire.

En effet, la pitié ne nous étreint jamais autant que devant la
⁴⁵⁰ beauté flétrie par le souffle délétère de la débauche. Qu'elle s'acoquine avec la laideur, passe encore, mais la beauté, la tendre beauté... elle ne s'accorde dans nos pensées qu'avec la chasteté et la pureté. La belle qui avait ensorcelé le pauvre Piskariov était effectivement une créature extraordinaire et sa
⁴⁵⁵ présence dans ce milieu méprisable semblait d'autant plus incompréhensible. Tous ses traits étaient si purement dessinés et son visage exprimait une telle noblesse que l'on n'aurait jamais pu imaginer que la débauche eût jeté ses griffes sur elle. Elle aurait pu être la perle rare, l'unique trésor, le paradis sur
⁴⁶⁰ Terre d'un époux passionné ; elle aurait pu briller comme une douce étoile sur un foyer inconnu, empressé d'accomplir les

ordres délicieux tombés de ses lèvres exquises. Elle aurait pu être la déesse d'une société nombreuse, trônant dans une salle au parquet brillant sous l'éclat des bougies, devant la foule
465 silencieuse de ses adorateurs prosternés à ses pieds. Mais, hélas ! l'épouvantable volonté de quelque esprit démoniaque, avide de détruire l'harmonie du monde, l'avait jetée, avec des ricanements diaboliques, dans son propre gouffre.

Pénétré d'une pitié torturante, Piskariov restait assis devant
470 sa bougie. Minuit avait sonné depuis longtemps, la cloche de la tour sonna la demie, mais il restait là, immobile, sans dormir, sans rien faire. La somnolence, jointe à l'inaction, commençait à l'engourdir doucement ; la chambre semblait s'effacer et seule la lumière d'une bougie pénétrait encore les rêves qui s'étaient
475 emparés de lui, quand, soudain, un coup frappé à la porte le fit tressaillir et s'éveiller complètement. La porte s'ouvrit sur un laquais en riche livrée. Jamais encore sa chambre solitaire n'avait reçu pareille visite, à fortiori[1] à une heure aussi inhabituelle... Il resta perplexe et dévisagea le laquais avec une curio-
480 sité impatiente.

« La dame chez qui vous vous êtes présenté il y a quelques

---

1. Locution adverbiale latine qui signifie « à plus forte raison ».

BIEN LIRE

L. 465-468 : D'ange pur, la jeune femme devient une créature infernale. Quels mots le donnent à penser ?

L. 472-476 : Quel détail nous permet de comprendre que l'on passe de la réalité au rêve ?

L. 476 : Piskariov s'éveille-t-il pour de bon ?

heures, prononça très poliment le laquais, m'a ordonné de vous inviter chez elle et vous envoie une voiture. »

Piskariov restait interdit : une voiture, un laquais en livrée !...
485 Non, il y avait certainement quelque erreur...

« Écoutez, mon brave, dit-il avec gêne, vous vous trompez certainement de porte. Votre maîtresse vous a envoyé chez un autre et non chez moi.

– Non, Monsieur, je ne me suis pas trompé. C'est bien vous
490 qui avez raccompagné une jeune dame jusque chez elle, perspective Litiéïni, au troisième étage ?

– Oui, c'est moi.

– Eh bien, venez vite, ma maîtresse veut absolument vous voir et vous prie de venir directement chez elle. »

495 Piskariov dévala l'escalier. Il y avait bien une voiture dehors. Il y monta, les portes claquèrent, les pavés résonnèrent sous les sabots des chevaux et la perspective illuminée des maisons aux enseignes brillantes commença à défiler devant les vitres de la voiture. Durant tout le trajet, Piskariov réfléchissait sans parve-
500 nir à résoudre ce mystère. Un hôtel particulier, une voiture, un laquais en livrée... Il ne pouvait associer tout cela à cette pièce du troisième étage, avec ses fenêtres poussiéreuses et son piano désaccordé. La voiture s'arrêta devant un perron brillamment

---

BIEN LIRE

L. 495-520 : Plusieurs notations de lumière créent un contraste entre la pauvre réalité (« la lumière d'une bougie », l. 474) et l'éblouissement du rêve. Lesquelles ?
Quels détails contribuent à créer une atmosphère de luxe ?

éclairé et Piskariov se sentit brusquement étourdi par les ran-
505 gées de voitures, les voix des cochers, les lumières aux fenêtres
et les éclats de la musique. Le laquais en riche livrée le fit des-
cendre de voiture et le conduisit respectueusement dans un ves-
tibule avec des colonnes de marbre, un garde suisse en habit
doré et une multitude de manteaux et de pelisses jetés là, sous
510 une lumière éclatante. Un escalier ajouré, avec une rampe polie,
s'élevait dans une atmosphère parfumée. Piskariov le gravit
d'un trait et s'engouffra dans la première salle, mais recula aussitôt, effrayé par la foule qui s'y pressait. L'extraordinaire diver-
sité des visages l'étourdit complètement : il lui semblait qu'un
515 démon avait brisé l'univers en de multiples morceaux pour les
mélanger dans un désordre insensé. Les épaules éblouissantes
des dames et les habits noirs des messieurs, les lustres, les
lampes, les écharpes de gaze, les rubans aériens et la contrebasse
massive qu'on distinguait derrière la balustrade des chœurs,
520 tout cela l'émerveillait. Il embrassa d'un regard tant de respectables vieillards, de demi-vieillards couverts de décorations, de
dames glissant si légèrement, fièrement et gracieusement sur le
parquet ou encore assises en rang ; il entendit tant de propos en
français et en anglais[1], et les jeunes gens en habit noir se com-
525 portaient avec tant de noblesse, parlaient ou se taisaient avec

---

1. Voir la note 1 page 59.

BIEN LIRE

L. 513-516 : Une notation renvoie à l'univers démoniaque. Laquelle ?

tant de dignité, sans un mot de trop, plaisantaient avec tant de retenue et souriaient si courtoisement, ils portaient des favoris si bien taillés et savaient exposer leurs mains fines avec un art si consommé en redressant leur nœud de cravate, les dames
530 paraissaient si aériennes et plongées dans un tel ravissement, elles baissaient des yeux si enchanteurs que...

Mais l'allure intimidée de Piskariov, qui s'était adossé à une colonne, indiquait qu'il était complètement perdu. À ce moment-là, la foule entourait un groupe qui dansait. Les
535 femmes tourbillonnaient, enveloppées de voiles de Paris, dans des robes tissées d'air pur. Leurs délicats petits pieds effleuraient négligemment le parquet et semblaient ne s'y poser que pour faire de l'effet. Cependant, l'une des danseuses les dépassait toutes par la beauté, l'élégance et l'éclat de sa toilette qui révé-
540 lait un goût particulièrement raffiné et d'autant plus fascinant qu'elle ne semblait pas du tout s'en soucier. Elle regardait sans la voir la foule des spectateurs qui l'entouraient, ses longs cils admirables s'abaissaient avec indifférence et la blancheur de son visage devint encore plus éclatante quand, alors qu'elle inclinait
545 la tête, une ombre légère glissa sur son front ravissant.

Piskariov s'efforça de fendre la foule pour la contempler, mais à son grand dépit, une énorme tête couverte de cheveux

---

BIEN LIRE

L. 546-564 : Quels éléments vous semblent typiques d'un rêve ? Lesquels expriment la timidité de Piskariov ?

Quelle image tend à prouver que Piskariov se sent rejeté par la société ?

frisés et foncés la lui cachait constamment. De plus, il était si comprimé par la foule qu'il n'osait plus ni avancer, ni reculer,
550 par crainte de bousculer, d'une manière ou d'une autre, quelque conseiller secret. Pourtant, il réussit comme il put à se glisser au premier rang et jeta un regard sur ses vêtements pour s'assurer qu'il avait une allure correcte. Mais, Dieu du ciel, que vit-il! Il portait une redingote maculée de peinture : dans sa
555 précipitation, il avait oublié de se changer. Il rougit jusqu'aux oreilles et baissa la tête : il aurait voulu s'enfoncer sous terre, mais il ne pouvait s'éclipser nulle part. Un mur d'officiers aux uniformes éclatants s'était refermé derrière lui. Il n'avait plus qu'un désir : s'éloigner au plus vite de la belle au front et aux
560 cils admirables. Il leva sur elle des yeux terrifiés : le regardait-elle ? Mon Dieu ! Elle était juste devant lui... Mais que se passait-il ? « C'est elle », faillit-il s'écrier à voix haute. En effet, c'était bien elle, celle-là même qu'il avait rencontrée perspective Nevski et qu'il avait raccompagnée chez elle.
565 Elle leva ses longs cils et embrassa la foule de son regard clair. « Mon Dieu ! qu'elle est belle !... » C'est tout ce qu'il put murmurer, la respiration coupée. Elle balaya du regard la foule qui l'entourait et où chacun tentait avidement d'attirer son attention. Mais avec quelle fatigue et quelle indifférence elle

BIEN LIRE

L. 565-576 : Quels mots notent les échanges de regards ?

570 détourna rapidement ses regards qui croisèrent ceux de Piskariov. « Oh ! quelles délices, quel paradis ! Seigneur, donne-moi la force de supporter ce bonheur ! Ma vie ne saurait le contenir, il va détruire et emporter mon âme ! » Elle lui fit un signe, sans pour autant bouger la tête ou la main ; non, ce sont 575 ses yeux foudroyants qui exprimèrent ce petit signe, d'une manière à peine perceptible. Mais lui le perçut et le comprit.

La danse dura longtemps. La musique semblait s'éteindre et mourir, puis éclatait de nouveau et retentissait, toni-truante[1]. Enfin tout s'acheva ! Elle vint s'asseoir : sa poitrine 580 palpitait sous un voile de gaze, sa main (Dieu ! quelle main admirable !) tomba sur ses genoux et elle arrangea sa robe aérienne qui, sous sa main, semblait elle aussi palpiter musi-calement. La douce couleur mauve de sa robe soulignait encore davantage la blancheur lumineuse de ses doigts. 585 « L'effleurer, rien de plus ! Nul autre désir – ce serait trop d'au-dace... » Il se tenait derrière sa chaise sans oser dire un mot, sans même oser respirer.

« Vous vous êtes ennuyé ? dit-elle, moi aussi. Je constate que vous me détestez », ajouta-t-elle en baissant ses longs cils. 590 « Vous détester ! moi ? mais je... », voulut dire Piskariov, com-plètement éperdu – et il aurait certainement tenu des propos

---

1. Du latin *tonitruare*, « tonner ». Qui fait un bruit de tonnerre.

L. 590 : Quelle phrase aurait pu dire Piskariov, s'il en avait eu le temps ?

parfaitement incohérents si un vieux chambellan ne s'était approché d'eux en lançant quelques mots piquants et aimables. Il portait sur le crâne un toupet[1] frisé et exhibait une rangée
595 d'assez belles dents. Chacune de ses pointes piquait[2] Piskariov au cœur. Enfin, par bonheur, l'un de ses voisins prit le chambellan à part.

« Comme c'est intolérable ! dit-elle en levant sur Piskariov ses yeux célestes. Je vais m'asseoir à l'autre bout de la salle. Venez
600 m'y rejoindre ! »

Elle se faufila à travers la foule et disparut. Il se précipita comme un fou derrière elle, fendit la foule et parvint aussitôt jusqu'à elle. Oui, c'était bien elle ! Elle était assise là comme une reine, la plus belle de toutes, et le cherchait des yeux.

605 « Vous voilà, murmura-t-elle. Je serai franche avec vous : les circonstances de notre rencontre ont dû vous paraître bien étranges. Pouvez-vous vraiment croire que j'appartienne à cette catégorie de viles créatures parmi lesquelles vous m'avez trouvée ? Mes procédés vous paraîtront bien bizarres, mais je vais
610 vous révéler un secret : serez-vous capable de ne jamais le trahir ? dit-elle en le fixant avec une grande attention.

– Bien sûr, j'en serai capable !... »

---

1. Une petite touffe de cheveux, redressée.
2. Gogol joue sur le double sens des mots *piquant* et *pointe*. Il indique des mots d'esprit et des plaisanteries originales, mais Piskariov en est piqué, blessé dans son amour-propre.

BIEN LIRE

L. 609-614 : Pourquoi, à votre avis, la jeune femme n'a-t-elle pas le temps, dans le rêve de Piskariov, de dévoiler son « secret » ?

Mais, à cet instant, un homme assez âgé s'adressa à elle dans une langue que Piskariov ne comprenait pas et lui offrit le bras. Elle jeta à Piskariov un regard suppliant et lui fit signe de rester là jusqu'à son retour. Cependant, brûlant d'impatience, il ne pouvait se soumettre à aucun ordre, fût-ce venant d'elle. Il ne voyait plus la robe mauve. Il passait d'une salle à l'autre dans un état de grande agitation et bousculait sans retenue tous ceux qu'il rencontrait. Mais il ne voyait partout que d'importants personnages assis à des tables de whist dans un silence de mort. Dans un coin de la pièce, quelques vieux messieurs disputaient des avantages de la carrière militaire sur la carrière civile. Dans un autre, des hommes en habits impeccablement coupés discutaient, sur un ton léger, de l'œuvre prolixe d'un poète acharné au travail. Piskariov se sentit brutalement saisi par un bouton de son habit : un monsieur d'allure respectable voulait soumettre à sa réflexion des opinions, d'ailleurs fort judicieuses. Mais il le repoussa grossièrement sans même remarquer la décoration qu'il portait autour du cou. Il pénétra dans la pièce voisine – mais elle n'y était pas, et pas plus dans la suivante.

« Où est-elle ? Rendez-la moi ! Je ne peux pas vivre sans l'avoir vue encore une fois ! Je veux savoir ce qu'elle avait à me dire. »

Cependant ses recherches demeuraient vaines. Inquiet et épuisé, il se blottit dans un coin et se mit à examiner la foule. Mais ses regards tendus ne percevaient plus que des lignes floues. À la fin, il commença à distinguer les murs de sa chambre. Il leva les yeux : il y avait bien le chandelier dont la

mèche agonisait. La chandelle s'était complètement consumée,
640 laissant une tache de suif sur la table.

« Ainsi, ce n'était qu'un rêve! Mais Dieu! quel rêve!
Pourquoi fallait-il donc se réveiller? Si on lui avait laissé encore
une minute, elle serait sûrement réapparue! »

L'aube contrariante glissait sa lueur blafarde et pénible dans
645 la chambre dont le désordre paraissait si terne et si triste... Que
la réalité peut être repoussante! Que vaut-elle au regard des
rêves? Il se déshabilla rapidement, se coucha et s'enroula dans
une couverture, avec l'espoir de retrouver dans l'instant son
rêve évanoui. Le sommeil, effectivement, ne se fit pas attendre,
650 mais ne lui apporta pas ce qu'il désirait voir. C'était soit le lieutenant Pirogov avec sa pipe, soit le concierge de l'Académie des
beaux-arts, soit un conseiller d'État, soit la tête de la vieille
Finnoise dont il avait un jour brossé le portrait, et encore
d'autres absurdités du même genre.

655 Il resta au lit jusqu'à midi, dans l'espoir de rêver; mais elle
n'apparut pas. « Oh! revoir, ne fût-ce qu'un instant, ses traits
admirables, entendre, ne fût-ce qu'un instant, son pas léger!
Qu'apparaisse enfin son bras d'une blancheur aussi éblouissante que les neiges éternelles. »

660 Désemparé, éperdu, il restait assis, la mine abattue, l'air

BIEN LIRE

L. 639-640 : Quel élément déclencheur du rêve retrouve-t-on ?
L. 655-656 : Par quel procédé Piskariov tente-t-il de revoir la belle inconnue ?

désespéré, rivé à son rêve. Il ne pouvait songer à faire quoi que ce fût ; ses regards vides et morts se posaient sur la fenêtre donnant sur la cour où un porteur d'eau crasseux remplissait des brocs d'une eau qui gelait immédiatement tandis qu'on enten-
665 dait la voix chevrotante du marchand d'habits : « Vieux habits à vendre ! » La banalité quotidienne résonnait singulièrement dans sa tête. Il resta dans cet état jusqu'au soir et se jeta alors avec avidité sur son lit. Il lutta longuement contre l'insomnie, mais il finit par en venir à bout.

670   Il fit encore un rêve, mais un rêve plat et trivial. « Mon Dieu, aie pitié de moi. Montre-la-moi une minute, rien qu'une ! »

Le lendemain, il passa la journée à attendre la nuit, il s'endormit de nouveau et rêva encore de quelque fonctionnaire qui était tout à la fois un fonctionnaire et un basson. C'était into-
675 lérable. Mais la voilà enfin ! C'est son visage, ses belles boucles... elle le regarde... mais cela ne dure qu'un instant ! Et revoilà la brume avec ses rêves absurdes.

Alors, les rêves finirent par absorber sa vie et toute son existence prit un tour étrange. On aurait dit qu'il dormait éveillé et
680 qu'il s'éveillait dans ses rêves. Si quelqu'un l'avait vu, assis sans rien dire devant sa table vide, ou errant dans les rues, il l'aurait

BIEN LIRE

L. 661-666 : Quels éléments réalistes entrent en contradiction avec la beauté du rêve ?

L. 678-686 : Quelle expression marque le basculement de Piskariov dans une sorte de folie ?

En quoi cet état de quasi-démence est-il dans la logique de ses comportements antérieurs ?

Quel mot le désigne comme fou ?

certainement pris pour un lunatique[1] ou un ivrogne dévasté par l'alcool. Ses yeux s'étaient vidés de toute expression : sa distraction naturelle s'aggravait, effaçant tyranniquement de son visage tout sentiment, tout mouvement de l'âme. Il ne recommençait à vivre qu'à la tombée de la nuit.

Cet état d'esprit sapait ses forces et ce fut pour lui une torture insoutenable que de voir le sommeil finir par l'abandonner complètement. Comme il voulait sauver son unique trésor, il employa tous les moyens pour restaurer son sommeil. Il avait entendu dire qu'il existait un moyen de combattre l'insomnie : il suffisait de prendre de l'opium. Mais où s'en procurer ? Il se souvint alors d'un Persan, marchand de châles et de tapis, qui lui demandait, presque à chaque fois qu'il le croisait, de lui faire le portrait d'une belle femme. Il résolut de s'adresser à lui car il devait certainement avoir de l'opium. Le Persan le reçut, assis en tailleur sur son divan.

« Et pourquoi veux-tu de l'opium ? » lui demanda-t-il.

Piskariov lui raconta ses insomnies.

« Bien, je vais te donner de l'opium, mais tu devras me peindre une belle femme. Et qu'elle soit vraiment belle ! Avec des sourcils noirs et des yeux comme des olives. Et moi aussi tu

---

1. Se dit d'une personne à l'humeur changeante, fantasque, un peu folle.

BIEN LIRE

L. 695-696 : Pourquoi Piskariov pense-t-il que le Persan a de l'opium ?

L. 700-704 : Quel point commun y a-t-il entre l'exigence de Piskariov et celle du marchand d'opium ?

me représenteras, assis à ses côtés et fumant ma pipe ! Tu entends ? Il faut qu'elle soit belle, vraiment très belle ! »

705   Piskariov promit tout. Le Persan s'éclipsa un instant et revint avec un petit pot rempli d'une substance brune. Il en versa précautionneusement la moitié dans un autre petit pot qu'il tendit à Piskariov en lui recommandant vivement de ne pas en prendre plus de sept gouttes dans un verre d'eau. Piskariov se 710 saisit avidement de ce précieux petit pot qu'il n'aurait pas échangé contre un monceau d'or, puis il se précipita chez lui.

Arrivé dans sa chambre, il versa quelques gouttes dans un verre d'eau, l'avala et se coucha.

« Dieu ! quel bonheur ! La voilà ! C'est elle ! Mais elle a 715 changé d'aspect. Comme elle est jolie, assise à la fenêtre de cette maison campagnarde pleine de lumière ! Sa toilette respire la simplicité d'une pensée de poète. Et sa coiffure... Mon Dieu ! comme elle est naturelle et comme elle lui va bien ! Un fichu léger couvre son cou délicat : tout en elle indique la modestie et 720 un goût secret et indicible. Et quelle démarche gracieuse et ravissante ! Quelle musique dans le bruit de ses pas et le frou-frou de sa robe ! Et quel beau bras qu'étreint un bracelet de cheveux tressés. Elle lui dit, les larmes aux yeux :

« Ne me méprisez pas ; je ne suis pas du tout celle que vous

BIEN LIRE   **L. 714-723 : Presque tous les sens sont sollicités dans le rêve de Piskariov. Par quels mots ?**

725 croyez. Regardez-moi, regardez-moi bien et dites-moi si vous me croyez capable de faire ce que vous pensez ?

– Oh non, non ! que celui qui oserait le penser, qu'il... »

Mais il se réveilla ! très ému, bouleversé, en larmes.

« Il vaudrait mieux que tu n'existes pas, que tu ne vives pas 730 dans ce monde et que tu ne sois que la créature d'un peintre inspiré ! Alors, je ne me serais pas éloigné de ma toile, je t'aurais contemplée et embrassée sans cesse. Je n'aurais vécu et respiré que pour toi, comme pour le plus beau des songes, et alors j'aurais été heureux. Je n'aurais pas eu d'autres désirs. Je t'aurais 735 invoquée soir et matin, comme mon ange gardien, et je t'aurais appelée chaque fois que j'aurais voulu représenter quelque chose de saint et de divin. Mais maintenant... quelle vie épouvantable ! Que m'apporte son existence réelle ? Est-ce que la vie d'un fou peut satisfaire ses parents et amis, eux qui l'ont aimé 740 un jour ? Mon Dieu ! Quelle vie est la nôtre ! C'est l'éternel combat du rêve et de la réalité ! »

Telles étaient à peu près les pensées qui l'occupaient constamment. Il ne pensait à rien d'autre, ne mangeait presque rien et, chaque soir, il attendait avec l'impatience d'un amant 745 passionné l'apparition adorée. La tension continuelle de ses pensées sur un objet unique acquit une telle emprise sur son

BIEN LIRE

L. 729-737 : Quelles formes verbales expriment l'irréel du rêve ? Quels mots marquent le retour fatal à la réalité et au présent ? L. 745-751 : Quels mots ou expressions prouvent que Piskariov ne cesse d'idéaliser la jeune femme de ses rêves ?

imagination que l'image désirée finit par se manifester presque toutes les nuits, sous un aspect toujours différent de la réalité, car ses pensées étaient aussi pures que celles d'un enfant. Dans
750 ces rêves, l'image de la femme ne cessait de se purifier, complètement transfigurée.

Sous l'action de l'opium, son imagination s'échauffa davantage et, s'il y eût jamais amant au dernier degré de la folie d'amour, bouleversé, torturé par sa passion, ce fut bien ce mal-
755 heureux.

Parmi tous ses rêves, il y en avait un qui le transportait plus que tous les autres. Il est dans son atelier, la palette à la main, et travaille avec enthousiasme. Elle aussi se tient là. Il l'a épousée. Elle reste près de lui, son coude charmant posé sur le dos-
760 sier de sa chaise, et suit attentivement son travail. Ses yeux languissants portent le doux fardeau du bonheur : toute la chambre est devenue un paradis, tout y est si clair, si propre. Mon Dieu ! elle se penche vers lui et pose son adorable tête sur sa poitrine... Il n'avait encore jamais fait d'aussi beau rêve.

765 Le lendemain, il se leva plus léger, moins distrait, et il conçut un projet bien étrange : « Peut-être, songeait-il, a-t-elle été jetée dans la débauche malgré elle, dans des circonstances tragiques ? Peut-être que son âme incline déjà au repentir et qu'elle désire

---

BIEN LIRE

L. 756-758 : Quel est l'effet produit par le changement de temps verbal ?

sortir de sa terrible condition ? Peut-on assister dans l'indiffé-
770 rence à sa perte, alors qu'il suffit de lui tendre la main pour la
sauver de l'abîme ? » Ses pensées allèrent encore plus loin dans
cette voie : « Personne ne me connaît, se disait-il, je ne me soucie de personne et personne ne se soucie de moi. Si elle exprime
un repentir sincère et si elle est prête à changer de vie, je
775 l'épouse. Je dois l'épouser et ainsi j'agirai certainement mieux
que tant d'autres qui épousent leur cuisinière ou quelque créature profondément méprisable. Mon action est désintéressée et
peut s'avérer grande. Je vais rendre au monde son plus bel ornement. »
780   Ayant ainsi arrêté ce plan si peu raisonnable, il sentit le sang lui
monter aux joues. Il s'approcha de son miroir et fut épouvanté
par son visage blême et décharné. Il se lança dans une toilette soi-
gnée, se lava, se peigna, revêtit un nouvel habit et un gilet élégant,
jeta un manteau sur ses épaules et sortit dans la rue. Il aspira l'air
785 frais et ressentit cette même fraîcheur dans son cœur, comme un
convalescent effectuant sa première sortie après une longue maladie. Son cœur battait quand il s'engagea dans la rue où il n'avait
plus mis le pied depuis la rencontre fatale.
    Il chercha longtemps la maison ; il lui semblait que sa
790 mémoire le trompait. Il parcourut deux fois la rue, ne sachant

BIEN LIRE

L. 781-782 : Quel a été l'effet de la drogue sur Piskariov ? Un détail antérieur (l. 743-745) nous permet de le comprendre.

L. 784-787 : Pourquoi l'auteur le compare-t-il à un « convalescent » ?

pas devant quelle maison s'arrêter. Il lui sembla enfin la reconnaître. Il grimpa l'escalier et frappa à la porte qui s'ouvrit. Et qui vint à sa rencontre ? Son idéal sur Terre, sa vision mystérieuse, l'original de ses rêves, celle pour qui il vivait si doulou
795 reusement et si voluptueusement. Elle était là, devant lui. Il tressaillit : sa faiblesse fut telle qu'il put à peine se tenir debout et faillit s'évanouir de joie. C'était bien elle, toujours aussi belle, malgré des yeux gonflés de sommeil et un visage très pâle qui avait perdu de sa fraîcheur. Mais elle était belle pourtant.

800 « Ah ! s'exclama-t-elle, devant Piskariov, en se frottant les yeux (alors qu'il était déjà deux heures de l'après-midi). Pourquoi vous êtes-vous enfui l'autre fois ? »

Il glissa, défaillant, sur une chaise, sans la quitter des yeux.

« C'est que je viens seulement de me réveiller ; on m'a rame
805 née à sept heures, complètement ivre, ajouta-t-elle en souriant.

– Tu ferais mieux de te taire et de te couper la langue plutôt que de prononcer de telles paroles ! »

Elle venait de lui révéler le tableau complet de son existence. Malgré tout, il résolut, à contrecœur, d'essayer de la convaincre.
810 Il rassembla ses idées et, d'une voix tout à la fois tremblante et ardente, il lui démontra toute l'horreur de sa condition. Elle l'écoutait, l'air attentif, mais avec cette expression de surprise

BIEN LIRE

L. 814-816 : Comment comprenez-vous le mot « prédicateur » ? À quel verbe renvoie ce mot ? Dans quelle mesure s'applique-t-il ici au peintre ?

que suscite en nous la vue de quelque chose d'inattendu et
d'étrange. Elle regardait avec un léger sourire sa compagne,
815 assise dans un coin, qui avait posé son peigne pour écouter
attentivement le nouveau prédicateur.

« C'est vrai, je suis pauvre, dit enfin Piskariov, en achevant
son exhortation longue et sentencieuse. Mais nous travaille-
rons, nous tâcherons, en joignant nos efforts, d'améliorer notre
820 vie. Il n'y a rien de plus agréable que de ne rien devoir qu'à soi.
Je peindrai et toi, assise à mes côtés, tu inspireras ma création,
tu travailleras à quelque ouvrage de couture, et alors nous ne
serons privés de rien.

– Impossible ! le coupa-t-elle d'un ton assez méprisant. Je ne
825 suis ni couturière ni blanchisseuse pour travailler de mes
mains. »

Mon Dieu ! ces paroles contenaient toute la bassesse, toute la
trivialité de sa vie, une vie remplie de vide et d'oisiveté, fidèles
compagnons de la débauche.

830 « Épousez-moi ! lança insolemment l'autre femme qui s'était
tue jusque-là. Moi, si je me mariais, je me tiendrais toujours
comme ça ! » et elle imprima à son pitoyable visage une expression stupide qui fit beaucoup rire la belle.

C'en était trop ! Il n'avait plus la force de supporter tout cela

BIEN LIRE

**L. 824-833 : Pour quelles raisons l'inconnue refuse-t-elle la
proposition de mariage de Piskariov ?
Quelles raisons tiennent au peintre lui-même ? et lesquelles
tiennent à la femme ?**

835 et il s'enfuit, éperdu. L'esprit bouleversé, il erra sans but toute la journée, aveugle, sourd et insensible à tout ce qui l'entourait. Personne ne sut jamais où il avait passé la nuit. Le lendemain seulement, par quelque instinct primaire, il put rentrer chez lui, échevelé, livide, l'air hagard, et avec tous les stigmates de la 840 folie. Il s'enferma dans sa chambre, ne reçut plus personne et ne demanda plus rien. Quelques jours passèrent sans que sa porte s'ouvrît jamais. Au bout d'une semaine, elle était toujours fermée. On frappa à la porte, on l'appela, mais nulle réponse ne vint. Alors, on força la porte et on découvrit son cadavre, la 845 gorge tranchée. Un rasoir couvert de sang traînait par terre. D'après ses traits horriblement défigurés et ses bras convulsivement déjetés, on put conclure que sa main avait tremblé et qu'il avait longtemps souffert avant que son âme pécheresse ne quittât son corps.

850   Ainsi mourut, victime d'une passion insensée, le pauvre Piskariov, si doux, si timide et si modeste. Il avait une âme d'enfant et portait en lui l'étincelle d'un talent qui, peut-être, avec le temps, aurait pu s'embraser. Personne ne le pleura et l'on ne vit personne auprès de son corps sans vie, sauf les figures bien 855 ordinaires du policier de quartier et du médecin municipal, à l'œil indifférent. Son cercueil fut conduit au cimetière d'Okhta

---

BIEN LIRE

L. 850-862 : Sur quel ton l'auteur achève-t-il le récit de l'histoire de Piskariov ? Pourquoi ?

sans cérémonie religieuse et ne fut suivi que par le gardien du cimetière qui pleurait, parce qu'il avait bu quelques vodkas de trop. Même le lieutenant Pirogov ne vint pas se recueillir sur le
860 corps de ce pauvre ami qu'il avait pourtant honoré de sa haute protection. D'ailleurs, il avait bien autre chose à faire : il était engagé dans une aventure extraordinaire.

Occupons-nous de lui désormais. Je n'aime ni les cadavres, ni les morts et je trouve toujours très désagréable de croiser des
865 processions funèbres ou encore un invalide, habillé comme un capucin[1], priser de la main gauche parce que la droite tient un flambeau funéraire. J'éprouve toujours un sentiment de dépit devant un riche catafalque[2] ou un cercueil capitonné de velours. Mais mon dépit se double de tristesse quand je vois
870 une charrette tirer le cercueil en sapin d'un pauvre, sans aucun ornement, avec pour seule compagnie quelque vieille mendiante croisée dans la rue et qui suit le cercueil en traînant parce qu'elle n'a rien d'autre à faire.

Il me semble bien que nous avions quitté le lieutenant
875 Pirogov au moment où, abandonnant Piskariov, il s'était lancé sur les pas d'une belle blonde. Celle-ci était une créature charmante et assez intéressante. Elle s'arrêtait devant chaque maga-

---

1. De l'italien *cappuccino*, « petit capu-
chon ». Religieux d'une branche de
l'ordre des Franciscains. Sa robe de
bure témoigne, entre autres, de son
vœu de pauvreté.
2. Estrade destinée à recevoir un cercueil pour une cérémonie funèbre.

BIEN LIRE

L. 863-867 : Quelle forme pronominale permet de passer d'un récit à la troisième personne à un récit à la première personne ?
L. 869-873 : La tristesse peut « doubler » le dépit. Pourquoi ?

sin et examinait tout ce qui y était exposé – ceintures, fichus, boucles d'oreilles, gants et autres babioles – tout en se retour-
880 nant constamment pour jeter des regards à droite et à gauche. «Toi, ma belle, tu es à moi!» se dit Pirogov avec grande assurance et il continua sa poursuite en remontant le col de son manteau pour ne pas être reconnu par quelque ami. Mais il serait bon d'éclairer le lecteur sur la personnalité du lieutenant
885 Pirogov.

Cependant, avant de vous le présenter, il ne serait pas inutile de dire quelques mots de la société à laquelle il appartenait. Certains officiers forment à Pétersbourg une sorte de classe moyenne. Vous rencontrerez inévitablement l'un d'eux aux soi-
890 rées et aux déjeuners donnés par les conseillers d'État ou les conseillers titulaires – titres acquis par quarante années de service. Quelques demoiselles aussi pâles et ternes que Pétersbourg, et parfois un peu blettes, une table à thé, un piano et des danses de salon – tout cela reste indissociable des épau-
895 lettes dorées scintillant sous la lampe entre une sage petite blonde et l'habit noir d'un frère ou d'un ami. Il est très difficile d'animer ou de faire rire ces jeunes filles au sang froid. Il y faut un art consommé ou, mieux encore, une absence totale d'art. Il

---

BIEN LIRE

L. 883-887 : Au lieu de nous informer de l'aventure de Pirogov, Gogol suspend deux fois de suite le récit. Quels termes permettent de suspendre ainsi la narration ?

L. 893 : Qu'est-ce que Gogol entend par des demoiselles « un peu blettes » ?

faut dire des choses qui ne soient ni trop intelligentes, ni trop
900 amusantes et qui présentent cette petite monnaie de l'esprit qui
plaît aux femmes. Mais rendons en cela justice à ces messieurs :
ils possèdent un don remarquable pour se faire écouter de ces
beautés pâles et les faire rire. Leur meilleure récompense
consiste en exclamations entrecoupées de rires : « Mais cessez
905 donc ! Vous n'avez pas honte de nous faire rire comme ça ! »
On rencontre rarement – ou plutôt jamais – ces jeunes gens
dans les sphères supérieures dont ils sont totalement évincés par
ceux qu'on nomme (des) aristocrates ; pourtant, ils passent
pour instruits et bien élevés. Ils aiment causer littérature ; ils
910 louent Boulgarine, Pouchkine et Gretch[1] et dénigrent avec un
humour caustique (spirituellement et sur un ton moqueur)
l'œuvre d'Orlov[2]. Ils ne laissent jamais passer une conférence,
fût-ce sur la comptabilité ou la sylviculture. Au théâtre, quelle
que soit la pièce, vous en trouverez toujours un, sauf si l'on y
915 joue quelque vulgarité qui heurterait leur goût raffiné. Ils passent leur vie au théâtre dont ils sont les meilleurs clients. Ils
apprécient tout particulièrement les beaux vers et aiment à rap-
peler bruyamment les acteurs. Beaucoup d'entre eux, ensei-

---

1. De ces trois écrivains
du début du XIXe siècle,
Pouchkine (1799-1837)
est le plus célèbre.
2. Auteur de romans
populaires à tendance
moralisatrice.

BIEN LIRE

**L. 906-909 : Les officiers appartiennent à la
classe moyenne. Qui sont les membres de la
classe supérieure ?
Les classes sociales russes sont-elles
perméables entre elles ou figées ?
L. 909-920 : Trouvez au moins deux traits
ironiques.**

gnant dans des établissements publics ou préparant aux exa-
920 mens d'État, finissent par avoir chevaux et voiture. Alors, leurs
relations s'élargissent et ils parviennent enfin à épouser quelque
fille de marchand, sachant jouer du piano et pourvue tout à la
fois d'une dot considérable et d'un tas de parents barbus.
Cependant, ils ne peuvent atteindre à cet honneur avant d'avoir
925 obtenu au moins le grade de colonel, car ces vieilles barbes,
bien qu'elles sentent encore la soupe au chou[1], ne donneront
leur fille qu'à des généraux ou, au pire, des colonels. Telles sont
les principales caractéristiques de cette catégorie de jeunes gens.
Mais le lieutenant Pirogov possédait de multiples talents très
930 personnels. Il déclamait admirablement les vers de *Dmitri
Donskoï* et du *Malheur d'avoir trop d'esprit*[2] et maîtrisait si bien
l'art de faire des ronds de fumée avec sa pipe qu'il pouvait en
enchaîner jusqu'à dix d'affilée. Il savait aussi raconter des anecdotes très plaisantes à propos de tout et de n'importe quoi.
935 D'ailleurs, il serait très difficile de recenser tous les talents dont
le destin avait pourvu Pirogov. Il aimait à parler des actrices et
des danseuses, mais sur un ton moins cavalier que celui en
usage chez les jeunes sous-lieutenants.
   Il était très satisfait de son grade, obtenu depuis peu, et, bien
940 qu'il répétât souvent, allongé sur son divan : « Vanité ! tout cela

1. Image qui témoigne de leur origine
modeste, la soupe au chou étant le
repas de base du peuple russe.
2. *Dmitri Donskoï* est une tragédie de
Koukolnik ; *Le Malheur d'avoir trop
d'esprit* une comédie de Griboïédov.

BIEN LIRE

**L. 929-933 : Quel est le talent
particulier de Pirogov ? Qu'en
pensez-vous ?**

n'est que vanité ! Je suis lieutenant, et alors ? », il était secrète-
ment flatté de cette nouvelle distinction et s'efforçait souvent
de l'évoquer à mots couverts dans les conversations. Un jour, il
avait rencontré dans la rue un gratte-papier qui lui semblait
945 insuffisamment respectueux, il l'arrêta aussitôt et lui fit remarquer, en quelques mots brefs, mais bien sentis, qu'il avait affaire
à un lieutenant et non à quelque officier subalterne. Il fut d'autant plus éloquent en cette occasion que deux dames fort jolies
passaient justement devant lui. Pirogov manifestait en général
950 une grande passion pour le Beau et encourageait le travail de
Piskariov ; mais cela venait peut-être de ce qu'il désirait ardem-
ment voir sa mâle figure reproduite sur une toile.

Mais assez parlé de Pirogov. L'homme est une créature si
merveilleuse qu'on ne saurait dénombrer en une fois toutes ses
955 vertus, car plus on les examine, plus on découvre de nouveaux
détails dont la description serait interminable. Pirogov continuait donc la filature de la belle inconnue en lui posant de
temps en temps des questions auxquelles elle répondait par des
sons brefs, hachés et inintelligibles. Ils passèrent sous le sombre
960 porche de la Porte de Kazan pour entrer dans la rue
Méchtchanskaïa[1], rue des marchands de tabac, des petites épi-
ceries, des artisans allemands et des « nymphes » finnoises. La

1. Ou *rue des (Petits-) Bourgeois* :
ce qui correspond bien à cette rue
marchande.

BIEN LIRE

**L. 953-956 : Gogol a-t-il vraiment l'air
de penser que, comme il le dit,
l'homme est « une créature
merveilleuse » ?**

belle blonde entra presque en courant sous le porche d'une maison assez peu reluisante. Pirogov la suivit. Elle grimpa un
965 escalier étroit et sombre et ouvrit une porte dans laquelle Pirogov osa également se glisser. Il se retrouva dans une grande pièce aux murs noirs, au plafond enfumé et dont le sol était couvert de limaille de fer et de cuivre : sur une table s'étalaient en vrac des vis, du matériel de serrurerie, des cafetières et des
970 chandeliers tout neufs. Pirogov devina immédiatement que c'était l'appartement d'un artisan. L'inconnue traversa la pièce et disparut par une autre porte. Pirogov hésita un instant, mais, suivant la règle russe, il décida d'aller de l'avant. Il entra dans l'autre pièce, très différente de la première, propre et bien ran-
975 gée, indice d'un maître de maison allemand. Pirogov fut sidéré par un spectacle extrêmement étrange.

Devant lui était assis Schiller, non pas le Schiller de *Guillaume Tell* et de *L'Histoire de la guerre de Trente Ans*[1], mais le célèbre Schiller, artisan ferblantier de la rue Méchtchanskaïa.
980 À ses côtés se tenait Hoffmann, non pas l'écrivain Hoffmann[2], mais le bon cordonnier de la rue des Offitserskaïa[3], grand ami

---

1. Friedrich von Schiller (1759-1805) fut professeur d'histoire (d'où la référence à *L'Histoire de la guerre de Trente Ans*, publiée en 1793), poète (*Ballades*, 1797), essayiste et dramaturge (*Les Brigands*, 1782, et *Guillaume Tell*, 1804). Avec Goethe, dont il fut l'ami, il ouvre la période romantique.
2. Écrivain et compositeur allemand, Ernst Theodor Amadeus Hoffmann (1776-1822) connut la célébrité avec ses nouvelles fantastiques (*L'Homme au sable*, *La Princesse Brambilla*, etc.).
3. Ou *rue des Officiers*.

BIEN LIRE

L. 964-975 : Quels éléments de décor identiques permettent de mettre en parallèle l'aventure de Pirogov et celle de Piskariov, pages 73-74 ?

de Schiller. Schiller était ivre. Assis sur une chaise, il tapait du pied et racontait quelque chose avec fougue. Tout cela n'aurait guère étonné Pirogov s'il n'y avait eu l'étrange disposition des
985 personnages. Schiller était assis la tête en arrière et son gros nez en l'air, pendant que Hoffmann lui tenait ce nez entre deux doigts et brandissait de l'autre main son couteau de cordonnier. Les deux individus parlaient allemand et, comme le lieutenant Pirogov ne savait de cette langue que *Gut Morgen*, il ne put rien
990 comprendre à toute cette histoire. Voilà ce que disait Schiller :

« Je n'en veux pas ! Je n'ai pas besoin de nez ! criait-il en gesticulant. Mon nez consomme jusqu'à trois livres de tabac par mois et je l'achète dans cette infâme boutique russe car on ne trouve pas de tabac russe dans les boutiques allemandes, je
995 dépense quarante kopecks[1] dans cette infâme boutique russe pour chaque livre de tabac ; ce qui fait un rouble et vingt kopecks, donc quatorze roubles et quarante kopecks. Tu entends, l'ami Hoffmann ? Pour un seul nez, quatorze roubles et quarante kopecks ! Et encore, les jours de fête, je prise du
1000 râpé[2], parce que pour les fêtes je ne peux pas priser de cet infect tabac russe. Je prise, par an, deux livres de râpé à deux roubles la livre. Six[3] plus quatorze, ça fait vingt roubles et quarante

---

1. Un rouble vaut dix kopecks.
2. Le tabac ordinaire est constitué de miettes. Le râpé consiste en lamelles plus longues et plus denses et de qualité supérieure.
3. Malgré son côté maniaque, Schiller, parce qu'il est ivre, se trompe dans sa multiplication.

BIEN LIRE
L. 991-1004 : Remarquez que, dans son incohérence alcoolique, Schiller n'est pas dépourvu de toute logique.

kopecks que je dépense seulement pour mon tabac! C'est pas du vol, je te le demande, ami Hoffmann, c'est pas du vol?»

1005 Hoffmann, également ivre, lui répondit par l'affirmative:

«Vingt roubles et quarante kopecks! Je suis un Allemand de Souabe[1] et j'ai un roi en Allemagne. Je ne veux plus de nez! Coupe-le-moi. Tiens, prends-le!»

Et si le lieutenant Pirogov n'avait fait cette irruption sou-
1010 daine, Hoffmann aurait très certainement tranché le nez de Schiller, car il avait déjà levé son couteau comme pour tailler une semelle.

Schiller parut très dépité d'être ainsi dérangé par un inconnu, parfaitement inopportun. Bien qu'il fût plongé dans
1015 la délicieuse ivresse que procurent la bière et le vin, Schiller sentit qu'il n'était guère convenable d'être surpris par un étranger dans pareilles circonstances. Mais Pirogov s'inclina légèrement et dit, avec son amabilité coutumière:

«Vous m'excuserez...

1020 – Dehors!» répondit Schiller d'une voix pâteuse.

Cela déconcerta Pirogov. Un tel accueil était nouveau pour lui. Le sourire qu'il avait commencé d'esquisser s'évanouit brusquement et il répondit sur le ton de la dignité blessée:

---

1. La Souabe (*Schwaben*) était un duché d'Allemagne, au sud-ouest de la Bavière.

BIEN LIRE

L. 1009-1012 : Quelle comparaison nous prouve que le nez de Schiller est effectivement très gros ?

L. 1015 : À quoi Schiller et Hoffmann se sont-ils saoulés ? Que pensez-vous de l'adjectif « délicieuse » qui qualifie leur ivresse ?

« Je m'étonne, cher Monsieur... Vous n'aurez probablement
1025 pas remarqué... je suis officier...

– Qu'est-ce que j'en ai à faire d'un officier ! Je suis un
Allemand de Souabe ! Moi aussi, je pourrais être officier (et
Schiller tapait du poing sur la table) : un an et demi aspirant,
deux ans lieutenant et dès demain je suis officier. Mais je ne
1030 veux pas servir dans l'armée. Voilà ce que j'en fais des officiers,
moi, pfuit... »

Schiller tendit sa paume et souffla dessus.

Le lieutenant Pirogov comprit qu'il n'y avait plus qu'à se reti-
rer ; mais cette façon d'agir, incompatible avec son grade, lui
1035 déplaisait particulièrement. Il s'arrêta plusieurs fois en redes-
cendant l'escalier, comme pour rassembler ses idées et trouver
le moyen de faire sentir à Schiller l'impertinence de sa
conduite. Il finit par conclure qu'on pouvait excuser Schiller
parce que son cerveau nageait dans la bière. De plus, il repensa
1040 à la jolie blonde et décida d'oublier l'incident.

Le lendemain de très bonne heure, le lieutenant Pirogov se
présenta à l'atelier du ferblantier. Il fut reçu, dans la première
pièce, par la jolie blonde qui, d'une voix sévère qui convenait
parfaitement à son visage, demanda :

1045 « Que désirez-vous ?

– Ah ! Bonjour, ma belle ! Vous ne me reconnaissez pas ?
Petite friponne, comme vous avez de beaux yeux ! »

Sur ces mots, le lieutenant Pirogov tenta de lui saisir genti-
ment le menton, mais la jeune femme jeta un petit cri craintif
1050 et redemanda du même ton sévère :

« Que désirez-vous ?

– Vous voir, je ne désire rien de plus, fit le lieutenant avec un beau sourire et en se rapprochant. (Mais, voyant que la belle, effrayée, s'apprêtait à s'enfuir, il ajouta :) Je voudrais, ma belle,
1055 commander des éperons. Vous pourriez m'en faire ? Quoique, pour vous aimer, une bride me serait bien plus nécessaire que des éperons. Quelles mains charmantes ! »

Le lieutenant Pirogov se montrait toujours fort galant dans des situations semblables.

1060 « J'appelle tout de suite mon mari », s'écria la jeune Allemande et elle sortit.

Au bout de quelques minutes, Pirogov vit entrer Schiller, les yeux gonflés de sommeil et émergeant à peine de sa beuverie. À la vue de l'officier, il revit comme en rêve les événements de la
1065 veille. Il ne se rappelait pas exactement ce qu'il avait fait, mais sentant qu'il avait commis quelque bourde, il reçut l'officier d'une manière assez bourrue.

« Pour des éperons, je ne peux pas prendre moins de quinze roubles, dit-il dans le désir de se débarrasser de Pirogov, car, en
1070 Allemand honnête, il avait vraiment honte de regarder en face celui qui l'avait vu dans une situation aussi inconvenante. (Schiller aimait boire sans témoin, avec deux ou trois amis, et se cachait alors de ses propres ouvriers.)

– Pourquoi si cher ? dit Pirogov avec aménité.

1075 – C'est du travail allemand, répondit froidement Schiller en se caressant le menton. Un Russe vous prendrait deux roubles.

– Eh bien, pour vous prouver mon estime et pour apprendre à mieux vous connaître, je vous paierai les quinze roubles. »

Schiller demeura songeur une minute : en tant qu'honnête
1080 Allemand, il avait un peu honte et comme il voulait décliner cette commande, il déclara qu'il ne pourrait achever le travail avant deux semaines. Mais Pirogov répondit, sans discuter, qu'il était tout à fait d'accord.

L'Allemand réfléchit un moment, cherchant comment exé-
1085 cuter le travail pour qu'il vaille effectivement quinze roubles. À cet instant, la jolie blonde rentra dans l'atelier et se mit à ranger les cafetières sur la table. Le lieutenant profita de ce que Schiller restait à songer pour s'approcher d'elle et serrer son bras découvert jusqu'à l'épaule. Cela ne plut pas du tout à Schiller.
1090 « *Meine Frau !* s'écria-t-il.

– *Was wollen Sie doch ?* répondit la jolie blonde.

– *Gehen Sie*[1] à la cuisine ! et la jeune femme s'éclipsa.

– Alors, dans deux semaines ? dit Pirogov.

– D'accord, deux semaines, répondit Schiller, l'air songeur,
1095 j'ai beaucoup de travail en ce moment.

– Au revoir ! Je repasserai !

– Au revoir » répondit Schiller, en refermant la porte derrière lui.

---

1. Schiller parle en allemand à sa femme mais termine sa dernière phrase en russe. Les répliques sont les suivantes : « Ma femme !... Que voulez-vous donc ?... Allez à la cuisine ! »

BIEN LIRE

L. 1087-1089 : Ce jeu de scène montre que Pirogov le séducteur a de la suite dans les idées.

Le lieutenant Pirogov résolut de ne pas s'arrêter là, bien qu'il
1100 fût évident que l'Allemande allait lui résister. Il ne concevait
pas qu'on pût lui résister, d'autant plus que son affabilité et
son grade l'autorisaient à quelque attention. Il faut pourtant
noter que la femme de Schiller, tout en étant ravissante, était
aussi fort stupide. D'ailleurs, la bêtise ajoute un charme sup-
1105 plémentaire à une jolie femme. Je connaissais, en effet,
nombre de maris très satisfaits de la bêtise de leur femme, y
voyant l'indice d'une innocence enfantine. La beauté accomplit de vrais miracles. Chez une belle femme, tous les défauts
de l'âme, loin d'engendrer le dégoût, finissent bizarrement par
1110 nous paraître séduisants et le vice lui-même acquiert un
charme particulier. Mais que la beauté disparaisse et la femme
doit être vingt fois plus intelligente que l'homme pour inspi-
rer non pas de l'amour, mais tout simplement du respect.
D'ailleurs, la femme de Schiller, malgré toute sa bêtise, respec-
1115 tait ses devoirs ; aussi Pirogov ne pouvait-il s'attendre à réussir
aisément dans son entreprise audacieuse. Mais il y a toujours
une grande jouissance à triompher des obstacles et la jolie
blonde l'intéressait chaque jour davantage. Il vint si souvent
prendre des nouvelles des éperons que Schiller en prit ombrage

---

BIEN LIRE

L. 1104-1113 : Gogol assène plusieurs arguments qui pourraient
paraître misogynes. Comment les justifie-t-il ?
L. 1114-1118 : Quelle raison supérieure Gogol donne-t-il à la
résistance de l'Allemande ? Pour quelle raison Pirogov s'acharne-
t-il dans son entreprise de séduction ?

1120 et s'efforça de terminer son travail au plus vite. Les éperons furent enfin prêts.

« Oh ! quel travail remarquable ! s'écria le lieutenant Pirogov devant les éperons. Eh bien, dites, quelle belle ouvrage ! Même notre général n'en a pas d'aussi beaux. »

1125 L'amour-propre de Schiller en fut intensément flatté. Son regard s'anima et il décida de faire la paix avec le lieutenant. « L'officier russe est un homme intelligent », se dit-il.

« Alors, vous pourriez peut-être me faire une gaine pour mon poignard (ou d'autres petits travaux) ?

1130 – Très certainement, répondit Schiller en souriant.

– Dans ce cas, faites-moi la gaine. Je vais vous apporter mon poignard. C'est un poignard turc, mais je voudrais lui faire faire une autre gaine. »

Schiller crut recevoir une bombe sur la tête. Il plissa le front.

1135 « C'est bien fait pour toi ! » pensait-il en se reprochant *in petto*[1] d'avoir provoqué cette commande. Refuser lui aurait paru malhonnête, d'autant plus que l'officier russe avait vanté son travail. Il accepta donc la commande en hochant la tête ; mais l'impertinent baiser que Pirogov planta, en partant, sur les

1140 lèvres de la jolie blonde le plongea dans un embarras profond.

Je ne crois pas superflu de faire faire au lecteur plus ample connaissance avec Schiller. C'était un parfait Allemand au plein sens du mot. Dès l'âge de vingt ans, âge heureux où le Russe

---

1. Locution latine, signifiant « dans la poitrine », qui équivaut à « intérieurement ».

s'installe dans la bohème[1], Schiller avait déjà réglé tous les
1145 détails de son existence et jamais, sous aucun prétexte, il ne
dérogea à sa règle. Il avait décidé de se lever à sept heures, de
déjeuner à deux heures, d'être exact en tout et de s'enivrer tous
les dimanches. Il avait également décidé de se constituer en dix
ans un capital de cinquante mille roubles et cette décision était
1150 tout aussi définitive qu'un arrêt du destin, car il arriverait plus
facilement à un fonctionnaire d'oublier de saluer son chef qu'à
un Allemand de ne pas tenir sa parole. En aucun cas il ne variait
ses dépenses, et si le prix des pommes de terre augmentait, il
préférait simplement réduire ses achats plutôt que de payer un
1155 kopeck de plus. Et même s'il restait parfois sur sa faim, il finissait par s'y habituer. Sa méticulosité[2] était telle qu'il avait résolu
de ne pas embrasser sa femme plus de deux fois par jour et,
pour ne pas dépasser la dose prescrite, il ne mettait pas plus
d'une petite cuillerée de poivre dans sa soupe. Pourtant, le
1160 dimanche, cette règle n'était pas aussi strictement observée car
Schiller buvait alors deux bouteilles de bière et une bouteille de
vodka au cumin, contre laquelle pourtant il s'insurgeait régulièrement. Il ne buvait absolument pas comme les Anglais qui

1. Mode de vie qui
rappelle celui des
artistes et écrivains,
vivant au jour le jour
et sans règles.
2. Goût du petit
détail, minutie.

BIEN LIRE

**L. 1143-1169 : Quels traits de caractère montrent
que Gogol a une vision caricaturale des
Allemands ?**

**En quoi la « méticulosité » de Schiller déborde-
t-elle sur sa vie conjugale ?**

**De la comparaison des lignes 1150-1152, doit-on
déduire que les Allemands tiennent toujours
parole ?**

1165 s'enferment à clef, juste après les repas, et se saoulent en solitaires. Au contraire, en bon Allemand, il s'enivrait toujours avec
enthousiasme, soit avec le cordonnier Hoffmann, soit avec le
menuisier Kuntz, allemand lui aussi et grand ivrogne. Tel était
le caractère du brave Schiller qui s'était retrouvé dans une situation particulièrement difficile. Malgré son flegme germanique,
1170 les procédés de Pirogov avaient éveillé en lui un sentiment
proche de la jalousie. Il se cassait la tête pour trouver le moyen
de se débarrasser de l'officier russe. Pendant ce temps, Pirogov,
fumant la pipe avec ses camarades – car la Providence a établi
que là où il y a des officiers russes, il y a aussi des pipes –, donc
1175 Pirogov, fumant la pipe avec ses camarades, laissait entendre,
avec un sourire plein de sous-entendus, qu'il avait une aventure
avec une charmante Allemande et qu'il était, selon ses propres
mots, au mieux avec elle, bien qu'il eût failli un moment perdre
tout espoir de la séduire.

1180   Un jour qu'il flânait rue Méchtchanskaïa en examinant la
maison qu'ornait l'enseigne de Schiller – des cafetières et des
samovars[1] –, il aperçut, à sa grande joie, la tête de la jeune
femme qui se penchait à la fenêtre et regardait les passants. Il
s'arrêta, lui fit signe de la main et lui dit : « *Gut Morgen !* » La
1185 jeune femme le salua comme une connaissance.

---

1. Bouilloires à cheminée intérieure centrale utili-
sées en Europe de l'Est.

BIEN LIRE

**L. 1169-1171 : Schiller est-il
accessible à la jalousie ?**

« Votre mari est là ?

– Il est là, lui répondit-elle.

– Et quand n'y est-il pas ?

– Tous les dimanches », répondit la petite sotte.

1190 C'est bon à savoir, pensa Pirogov, il faut en profiter. » Et le dimanche suivant, il se présenta à l'improviste. Schiller était effectivement absent. La bonne petite maîtresse de maison commença par s'effrayer, mais, cette fois-ci, Pirogov se montra très prudent : il la salua respectueusement et s'inclina en mettant en

1195 valeur sa taille fine et souple. Il plaisanta avec légèreté et élégance, mais la petite sotte ne lui répondait que par des monosyllabes. Ayant tout tenté et voyant que rien ne parvenait à l'intéresser, il lui proposa de danser. Elle accepta sur-le-champ car les Allemandes aiment par-dessus tout danser. Pirogov fondait

1200 les plus grands espoirs sur cette entreprise. Premièrement, cela plaisait beaucoup à la jeune femme ; deuxièmement, il avait ainsi l'occasion d'exhiber sa belle allure et tout son savoir-faire ; troisièmement, la danse permettait de se rapprocher de la belle Allemande, de l'enlacer et de mener l'affaire à son terme. Bref, il

1205 en escomptait un plein succès. Il entonna une sorte de gavotte[1], sachant bien qu'avec une Allemande, il fallait y aller progressivement. La jolie blonde se plaça au milieu de la pièce et leva un

---

1. Danse française, vive et légère, très en vogue aux XVIIe et XVIIIe siècles.

BIEN LIRE

L. 1189 : Pourquoi la femme de Schiller révèle-t-elle que son mari n'est pas là le dimanche ?

petit pied adorable. Cela enthousiasma Pirogov à tel point qu'il se jeta sur elle pour l'embrasser. Le jeune Allemande se mit à 1210 crier – ce qui la rendit encore plus désirable aux yeux de Pirogov. Il la couvrait de baisers quand, soudain, la porte s'ouvrit sur Schiller et ses deux amis, Hoffmann et le menuisier Kuntz. Ces trois respectables artisans étaient saouls comme des Polonais[1].

Je laisse le lecteur juger de la colère et de l'indignation de 1215 Schiller.

« Barbare ! s'écria-t-il, furieux. Tu oses embrasser ma femme ? Tu n'es qu'un lâche, certainement pas un officier russe. Va au diable ! Je suis un Allemand, moi, hein, Hoffmann ? et pas un porc russe ! (Hoffmann confirma.) Oh ! mais je ne veux pas 1220 porter des cornes moi ! Attrape-le par le cou, ami Hoffmann. Je ne veux pas, pousuivait-il en gesticulant, tandis que son visage devenait aussi écarlate que son gilet. Ça fait huit ans que j'habite Pétersbourg, j'ai une mère en Souabe et un oncle à Nuremberg, je suis un Allemand et pas une bête à cornes ! 1225 Allez, ami Hoffmann, déshabille-le et toi, camarade Kuntz, tiens-lui les bras et les jambes ! »

Et les Allemands s'emparèrent de Pirogov. Il se débattit en vain : ces trois artisans étaient les Allemands les plus solides de

---

1. En russe, on dit « saouls comme des cordonniers » – ce qui renvoie judicieusement à Hoffmann –, mais l'expression ne peut passer en français.

BIEN LIRE

L. 1219-1224 : Quel est l'attribut traditionnel des maris trompés ? Trouvez deux expressions qui le décrivent.

tout Pétersbourg. Si Pirogov avait porté son uniforme, nul
1230 doute que le respect dû à son grade aurait arrêté les Teutons
belliqueux, mais il était en civil et ne portait pas d'épaulettes.
Les Allemands se déchaînèrent sur ses vêtements qu'ils mirent
en lambeaux. Hoffmann s'assit de tout son poids sur les jambes
de Pirogov. Kuntz lui empoigna la tête et Schiller se saisit d'un
1235 vieux balai. Je suis navré de reconnaître que le lieutenant
Pirogov fut cruellement roué de coups.

Je suis sûr que le lendemain Schiller eut une forte fièvre, qu'il
tremblait comme une feuille dans l'attente de l'arrivée immi-
nente de la police, et qu'il aurait donné Dieu sait quoi pour que
1240 les événements de la veille n'eussent été qu'un rêve. Mais ce qui
est fait est fait et l'on ne peut rien y changer. Rien ne pouvait
se comparer à la rage de Pirogov. Le seul souvenir de cette
humiliation abominable le rendait fou furieux. La Sibérie[1] et le
fouet lui semblaient un châtiment trop doux. Il courut chez lui
1245 pour se changer et repartit directement chez le général pour lui
dépeindre sous les couleurs les plus noires l'attitude scandaleuse
des artisans allemands. Il voulait en même temps déposer une
plainte auprès de l'État-Major et, si l'État-Major ne châtiait pas

---

1. La Sibérie, à l'est de la
Russie, était depuis longtemps le lieu de déportation
des bagnards.

BIEN LIRE

**L. 1229-1233 : Pour quelle raison les trois
artisans n'hésitent-ils pas à mettre en
pièces l'habit de Pirogov ?**
**L. 1241-1250 : Dans quel état d'esprit est
Pirogov, le lendemain de sa mésaventure ?
Quel châtiment imagine-t-il pour les
coupables ?**

assez fermement les coupables, il s'adresserait au Conseil d'État,
1250 voire au Souverain lui-même.

Mais tout cela se termina d'une manière bien étrange : en
chemin, il entra dans une pâtisserie, mangea deux pâtés feuille-
tés, parcourut un vague article dans *L'Abeille du Nord* [1] et res-
sortit un peu moins énervé. De plus, la soirée délicieusement
1255 douce l'incita à flâner un moment dans la perspective Nevski.
Vers neuf heures, il s'était calmé et pensa qu'il n'était pas convenable de déranger le général un dimanche, d'autant plus qu'il
devait être pris ailleurs. Il alla donc finir la soirée chez un de ses
collègues, inspecteur d'une commission de contrôle, où il
1260 trouva une très agréable société de fonctionnaires et d'officiers.
Il y passa une soirée exquise et dansa la mazurka avec tant de
brio qu'il fut acclamé tant par les dames que par les messieurs.

Notre monde est bizarrement fait ! pensais-je, en flânant il y
a deux jours sur la perspective Nevski et en me rappelant ces
1265 deux histoires. Comme le destin se joue bizarrement de nous !
Obtenons-nous jamais ce que nous désirons ? Parvenons-nous
jamais à atteindre ce à quoi nous sommes, semble-t-il, prédis-
posés ? C'est tout le contraire qui se produit. À l'un, le destin

---

1. Journal des
hommes culti-
vés en ce début
du XIXᵉ siècle.

BIEN LIRE

**L. 1251-1260 : Qu'est-ce qui est « étrange » dans le
comportement de Pirogov ?**
**Comment finit l'histoire de Pirogov ? Comment
appelle-t-on ordinairement ce genre de fin ?**
**L. 1263-1277 : Quelle est, selon Gogol, la morale la
plus répandue dans les aventures humaines ? Quels
exemples en donne-t-il ?**

octroie d'admirables chevaux et il les monte avec indifférence,
1270 sans même remarquer leur beauté, alors qu'un autre, passionné
de chevaux, va à pied et doit se contenter de claquer de la
langue quand il croise des trotteurs. Celui-ci a un excellent cui-
sinier mais, malheureusement, une bouche si petite qu'il ne
peut avaler plus de deux bouchées. Cet autre a une bouche plus
1275 large que l'arc de triomphe de l'État-Major mais doit, hélas ! se
contenter de quelque repas allemand, à base de pommes de
terre. Le destin se joue de nous bien étrangement !

Mais les aventures les plus bizarres se passent perspective
Nevski. Oh ! ne vous fiez pas à cette perspective Nevski. Je
1280 m'enveloppe toujours très étroitement dans mon manteau
quand je la traverse et je tâche de ne pas regarder de trop près
ce que j'y vois. Tout n'est que mensonge, tout n'est que songe,
rien n'est ce qu'il paraît être. Vous pensez que ce monsieur qui
se promène dans un costume admirablement coupé est très
1285 riche ? Certainement pas : il ne possède que ce costume. Vous
vous imaginez que ces deux obèses qui discutent devant l'église
en construction évoquent son architecture ? Pas du tout ! Ils
parlent de la posture étrange de deux corbeaux en face-à-face.
Vous pensez que cet excité qui gesticule raconte comment sa

BIEN LIRE

L. 1278-1292 : Quel est le principal responsable des désillusions humaines à Saint-Pétersbourg ?

À quel trait la misogynie affectée de l'auteur se révèle-t-elle encore une fois ?

Entre « songe et mensonge », qu'est-ce qui prédomine ?

1290 femme a lancé par la fenêtre un billet doux à un officier inconnu ? Mais non ! il parle de La Fayette. Vous croyez que ces dames... mais il faut encore moins se fier aux dames.

Regardez moins les vitrines des magasins : tous ces petits bibelots qu'on y expose sont très beaux, mais coûtent un trop 1295 grand nombre d'assignats[1]. Mais surtout, que Dieu vous garde de glisser un œil sous le chapeau des dames ! Qu'importe le manteau virevoltant de la belle, là-bas ! Pour rien au monde je n'irai la suivre. Éloignez-vous, de grâce, éloignez-vous des réverbères et passez votre chemin aussi vite que possible. Encore 1300 heureux s'ils se contentent de vous éclabousser d'huile puante. Tout, d'ailleurs, respire ici le mensonge. Elle ment à chaque instant, cette perspective Nevski, mais plus particulièrement quand la nuit dense s'étend sur elle et découpe les murs blancs et jaunes, quand la ville entière se métamorphose en un concert 1305 de bruits et de lumières, quand des myriades de calèches passent en trombe, les postillons criant, couchés sur leur cheval, tandis que le Démon lui-même n'allume les lampes que pour éclairer le monde de sa lumière trompeuse.

---

1. Billets non convertibles en espèces, mais équivalents du papier-monnaie.

BIEN LIRE

1293-1308 : Quels sont, dans la dernière phrase, les éléments qui impliquent un déplacement de la réalité vers le fantastique ?
Quels sens en particulier peuvent être trompés par « le Démon » ?
Quels mots renvoient plus précisément à la vue ? Quelle définition du « fantastique » en déduiriez-vous ?

Après-texte

L'INCIPIT

Le Cœur révélateur

POUR COMPRENDRE

Lire

1 Étudiez la syntaxe et le rythme du premier paragraphe : quelle sensation provoquent-ils ?

2 Quel est le rôle des apostrophes au lecteur ?

3 Le narrateur avait « le sens de l'ouïe très-fin » (l. 5). Quel rôle cette acuité jouera-t-elle à la fin de la nouvelle ?

4 Que peut signifier la répulsion du narrateur-héros pour l'œil du vieil homme ?

Écrire

5 Développez les formules des lignes 5-6 (« j'ai entendu toutes choses du ciel et [...] de l'enfer »), en caractérisant ces « choses » par des mélioratifs, des péjoratifs, des hyperboles, des métaphores, des comparaisons.

6 Imaginez une justification plus convaincante de la répulsion du héros pour l'œil du vieillard.

Chercher

7 Lisez le passage de *Hamlet*, de Shakespeare, où le père du héros évoque le ciel et l'enfer.

À SAVOIR

L'INCIPIT ET LES FOCALISATIONS

Incipit, mot latin qui signifie « cela commence », désigne les premières lignes d'un récit. L'incipit donne le ton et fournit des informations majeures. Tout d'abord, qui parle ? Si c'est un narrateur omniscient, il s'agit de focalisation zéro. Si le narrateur ne sait pas tout de l'intrigue ou des personnages, c'est une focalisation externe. Enfin, la focalisation interne exprime le point de vue d'un personnage. Ici, le narrateur est le héros (focalisation interne) : nous ne savons rien de ce que pensent le vieillard et les policiers. Le ton est d'une importance capitale : il peut être ironique (*La Perspective Nevski*) ; enthousiaste (*La Nuit*) ; apparemment neutre (*Deux Acteurs pour un rôle*) ou, comme ici, trop exalté.
L'incipit livre d'autres informations : de qui (personnages) et de quoi (intrigue) parle-t-on ? Ici, le narrateur, obnubilé par son idée fixe, ne parle que de lui-même et tente de rationaliser (« je suis très-nerveux ») ce qu'il pressent comme une folie. Il donne des indices majeurs pour la fin du récit : une « ouïe très-fine »... qui le perd ; une nervosité qui le mène au crime ; une « histoire » qui devrait effrayer. Des adverbes (« épouvantablement »), des avertissements (« attention ») et l'évocation de l'enfer ne peuvent qu'inciter le lecteur à imaginer le pire.

LE CŒUR RÉVÉLATEUR

POUR COMPRENDRE

Lire

1 Quelles significations différentes l'expression « son mauvais œil » (p. 11, l. 43) peut-elle avoir ?

2 Relevez, pages 10 à 16, toutes les occurrences de la nuit, des ténèbres, de ce qui est sombre. Quelle impression suscitent-elles au sens propre comme au sens figuré ?

3 Le héros reconnaît la terreur du vieillard pour l'avoir déjà éprouvée. Quel effet cette « communion » des esprits produit-elle ?

4 Pour évoquer le battement de cœur du vieillard, le héros établit deux comparaisons (p. 14). Commentez-les.

5 Pensez-vous que le battement de cœur perçu par le héros soit réellement celui du vieillard ? Sinon, comment le comprenez-vous ?

6 L'effroi résulte moins du récit très succinct du meurtre que des conditions psychologiques dans lesquelles il s'accomplit. Montrez la supériorité de ce procédé sur les récits sanglants.

7 Relevez tous les mots en italique et commentez le choix de cette typographie.

Écrire

8 Qu'est-ce qui pousse le héros à avouer, selon lui ? Et d'après vous, pourquoi avoue-t-il ?

9 Imaginez la conversation qu'auraient pu avoir le héros et le vieillard lorsque ce dernier se réveille terrifié.

10 Reprenez le paragraphe de la page 16, l. 153-162, en imaginant l'arrivée non des policiers, mais de quelqu'un d'autre.

11 Développez le discours final du héros.

Chercher

12 Dans un poème de Victor Hugo, Caïn, héros biblique assassin de son frère Abel, cherche à fuir la colère de Dieu. Mais l'œil de Dieu, emblème du remords, le poursuit jusque dans la tombe. Retrouvez ce poème et comparez-le avec cette nouvelle.

13 Lisez la nouvelle de Poe, intitulée *Le Chat noir*. En quoi présente-t-elle des analogies avec celle-ci ?

LE REGARD MALÉFIQUE

LE CŒUR RÉVÉLATEUR

POUR COMPRENDRE

À SAVOIR

LE FANTASTIQUE

Le fantastique est un genre littéraire qui se situe entre le merveilleux et l'étrange. Le merveilleux admet d'emblée des phénomènes impossibles.

Les textes religieux, qui présentent dieux et démons, miracles et résurrections ; les mythes et les légendes, avec dieux et saints ; les contes, avec fées, sorcières et ogres ; et les fables, où les animaux parlent et agissent comme des hommes : tous relèvent du merveilleux.

L'étrange présente des phénomènes bizarres et terrifiants, mais tout finit par s'expliquer. Ou bien il s'agissait d'un rêve, d'une illusion, d'un complot ourdi pour rendre fou le héros (Boileau et Narcejac, *Sueurs froides*). Ou bien le héros s'est trouvé en présence de phénomènes scientifiques inconnus, comme dans les récits de Jules Verne.

Le fantastique maintient jusqu'au bout du récit l'hésitation entre les deux explications. Le lecteur ne sait pas s'il assiste à des phénomènes surnaturels (le battement de cœur du vieillard assassiné est un acte de vengeance) ou s'il s'agit d'une illusion des sens (le remords pousse le héros terrifié à confondre les battements de son cœur avec ceux du vieillard). Pour maintenir l'incertitude, l'écrivain peut insérer des modalisations (« je crois .... il me semblait »), des exclamations (« Ô Dieu ! ») et des interrogations (Que pouvais-je faire ?). Pour produire l'effroi, l'écrivain multiplie les exagérations (« j'ai entendu toutes choses du ciel et de la terre »), les intensifs (« je suis très nerveux, épouvantablement ») et les hyperboles (« mon sang se glaçait »). Contrairement aux romans noirs, le récit fantastique ne se complaît pas dans des descriptions terrifiantes ; la tension résulte d'une angoisse qui monte progressivement. Il y a une gradation qui prépare l'événement apparemment surnaturel.

Le rôle des métaphores et des comparaisons est important : l'hyperacuité sensorielle du héros est associée au tranchant d'une lame ; la comparaison de l'œil du vieillard avec celui du vautour semble justifier la répulsion du héros pour ce vieillard animalisé en charognard. Plus tard, le battement de cœur prend une telle autonomie qu'il devient un personnage à part entière. Ainsi, personnification et animalisation déstabilisent le lecteur en effaçant ses repères et en suggérant l'invraisemblable.

Souvent, le récit se fait à la première personne du singulier, ce qui permet l'identification du lecteur au narrateur.

DEUX ACTEURS POUR UN RÔLE

Lire

1 Relevez et commentez, dans le premier paragraphe, tous les mots et procédés rhétoriques qui créent un climat d'étrangeté.

2 Étudiez la description de Katy : en quoi peut-elle ressembler à une sainte ?

3 En quoi les études de Henrich le prédisposent-elles à une rencontre surnaturelle ?

4 Hamlet, Othello et Charles Moor sont tous des héros liés à un crime. Commentez ce choix de l'acteur Henrich.

5 Quand Henrich dit : « Toutes ces passions que j'exprime, je les éprouve » (l. 60), n'évoque-t-il pas une sorte de dédoublement qui expliquerait rationnellement sa mésaventure finale (il serait devenu le Diable dans un état second qui justifierait son évanouissement) ?

6 Commentez l'avertissement final de Katy. Montrez qu'il révèle autant son éducation que sa capacité à prophétiser l'avenir.

Écrire

7 Imaginez le dialogue de Katy et de sa tante en soulignant l'impatience de la jeune fille.

8 Récrivez la fin du dialogue entre Henrich et Katy (l. 81-103) au style indirect ou au style indirect libre.

9 Relevez les arguments de Katy et ceux de Henrich quant au choix du métier d'acteur.

Chercher

10 Trouvez, dans un dictionnaire des personnages, à quels crimes étaient liés Hamlet, Othello et Charles Moor.

11 Le *Faust* le plus célèbre est celui de Gœthe. Cherchez quels écrivains et quels musiciens se sont également inspirés de cette légende médiévale.

12 Cherchez, dans des livres d'art, des représentations du Diable.

UN RENDEZ-VOUS AU JARDIN IMPÉRIAL

DEUX ACTEURS POUR UN RÔLE

POUR COMPRENDRE

À SAVOIR

LE DISCOURS ARGUMENTATIF

Lorsqu'il veut imposer son opinion, le locuteur peut s'adresser à la raison du destinataire : il cherche à le convaincre par des arguments. Ici, Henrich invoque sa passion du théâtre, puis sa future réussite sociale. Katy avance des arguments religieux et sociaux : les comédiens sont mal vus par l'Église et Henrich risque de se damner à jouer le rôle du Diable. Chacun relie ses arguments par des connecteurs logiques qui suggèrent un raisonnement rigoureux : « Quand on est tout cela, on ne peut... » (conséquence implacable) ; « C'est fort beau ; mais... » (la conjonction adversative annule la concession).

Le locuteur peut également s'adresser aux sentiments du destinataire : il veut persuader et s'appuie sur divers procédés rhétoriques. Ici, Katy en appelle à l'amour de Henrich. Elle interroge (« Voudrez-vous toujours épouser... ? »), s'exclame (« à Heidelberg ! »), émet des hypothèses heureuses (mariage et enfants) devenues irréalisables (« Mes parents ne voudront jamais »), et joue sur les antithèses (« salut/damnés »). Elle évoque le Diable (« démon, ennemi du genre humain, enfer ») et multiplie les dépréciatifs (« blasphématoires, affreux, mauvaises, damnés », etc.). Henrich évoque la puissance de sa passion et ses bénéfices par des hyperboles (« vingt existences »), des mélioratifs (« invincible, couvert de gloire, avantageux ») qu'il oppose aux craintes illusoires de Katy (« chimères »).

Le discours argumentatif se caractérise par des indices d'énonciation. Les indices personnels situent les protagonistes : Henrich et Katy expriment leur opinion à la 1re personne du singulier et s'adressent à l'autre par la 2e personne du singulier (Henrich) ou du pluriel (Katy). Quand elle évoque le projet de mariage, Katy s'unit à Henrich par un « nous » significatif. Ensuite, les indices spatio-temporels situent le discours dans l'espace et le temps (« il y a plus d'une heure » ; « c'est demain la dernière représentation »). Les lieux géographiques évoqués renvoient au passé (« Heidelberg »), au présent (« Jardin impérial ») et au futur (« théâtre de la Porte de Carinthie »). Enfin, trois emplois viennent compléter ce type de discours. Les modalisateurs impliquent le locuteur dans ce qu'il dit (« il me semble que », « j'ai peur que », « je suis sûre que ») ; les évaluatifs portent un jugement et les affectifs expriment des sentiments.

DEUX ACTEURS POUR UN RÔLE

POUR COMPRENDRE

Lire

1 Quel climat l'auteur veut-il créer par ses références à Callot, Goya et Hoffmann ?

2 Quelle impression la multitude des figures et des nationalités produit-elle ?

3 Relevez toutes les références, directes et indirectes, au Diable dans la description de Henrich en train de jouer son rôle.

4 En quoi la description de « l'homme singulier » reprend-elle les caractéristiques du Diable ?

5 Comment expliquez-vous l'éclat de rire unanime à la fin de ce passage ?

Écrire

6 Récrivez le dialogue entre l'ami de Henrich et le personnage diabolique (l. 94-112) au style indirect.

7 Récrivez le paragraphe des lignes 88 à 93 comme un monologue intérieur de Henrich.

Chercher

8 Consultez une encyclopédie de la peinture et trouvez un des *Caprices* de Goya illustrant la scène.

À SAVOIR

DESCRIPTIONS ET PORTRAITS

La description marque une pause dans le récit, situe le cadre, montre les attitudes et oriente la narration. Si la narration se fait au passé simple, la description se fait à l'imparfait (*cf.* l. 1 à 38). Ici, la description de la salle du gasthof crée une atmosphère cosmopolite. Elle sollicite la vue (costumes et coiffures pittoresques), l'ouïe (« valses, guzla »), l'odorat (« fumait du latakié »), le goût (« jambon, pâtisseries ») et même le toucher (« balayaient de leurs jupes »).

Après cette vue d'ensemble, le récit se focalise sur les étudiants, puis sur « l'homme singulier ». Nous assistons alors à un portrait qui multiplie les évaluatifs et les affectifs, souvent péjoratifs (« bizarre, cannibale, féroce »), ainsi que les superlatifs (« le plus ») et les comparaisons (« comme celles des chats ») afin de conférer au portrait une tonalité diabolique.

Descriptions et portraits complètent et orientent le récit. Ils font ressentir un contexte, provoquent une situation d'attente et donnent quelques indices pour la poursuite du récit.

LE THÉÂTRE DE LA PORTE DE CARINTHIE

DEUX ACTEURS POUR UN RÔLE

POUR COMPRENDRE

Lire

1 Quand Henrich reconnaît « le Diable en personne » (l. 26), soit il se l'imagine, soit c'est le narrateur qui l'affirme. Choisissez et justifiez votre interprétation.

2 Relevez toutes les occurrences du champ lexical diabolique dans la description du jeu de l'acteur, en les classant : adjectifs, substantifs, verbes, etc.

3 Relevez et commentez ensuite les métaphores et les comparaisons.

4 Étudiez le comportement des spectateurs. En quoi semblent-ils ensorcelés ?

5 Quelles sont les deux raisons pour lesquelles Henrich décide, à la fin, d'abandonner le théâtre ?

Écrire

6 Imaginez le récit que Henrich aurait pu faire de sa rencontre avec le Diable dans les coulisses.

7 Trouvez une interprétation rationnelle à cette aventure. Comment expliquer la rencontre que fait Henrich, son jeu et sa chute sans faire intervenir le Diable ?

Chercher

8 Henrich reconnaît « l'ange des ténèbres », c'est-à-dire Lucifer. Recherchez l'étymologie de ce nom et l'histoire de la révolte de Lucifer.

9 La petite croix de Katy semble avoir préservé Henrich de la mort. Cherchez, dans la littérature et au cinéma, quels sont les autres exorcismes traditionnels, soit face au Diable, soit face aux vampires.

À SAVOIR

CONNOTATIONS ET DÉNOTATIONS

La dénotation exprime le sens habituel d'un mot, tel qu'on le trouve dans le dictionnaire : « ce jeu incisif, mordant » indique un jeu actif, vivant et brutal. La connotation enrichit ce sens en prenant en considération toutes les valeurs affectives ou culturelles associées à ce mot. Le jeu « incisif et mordant, venimeux » évoque, d'une part, les « dents aiguës, blanches, séparées » du personnage et, d'autre part, le venin du serpent, animal symbolique de Satan selon la Bible. Les « tonnerres d'applaudissements » représentent un cliché, mais l'expression acquiert une connotation diabolique dans ce contexte. Enfin, les suffixes en *-âtre* confèrent une connotation dépréciative aux couleurs (« rougeâtres et verdâtres »).

LA NUIT

Lire

1 De la ligne 3 à 5, notez l'effet d'obsession produit par la lourdeur de tous les substantifs déterminés par des adjectifs possessifs et suivis d'une relative qui fait effet de pléonasme. (Un pléonasme est une faute par laquelle on exprime deux fois la même idée.) Relevez-les.

2 Relevez les paradoxes par lesquels Maupassant valorise tous les termes dépréciatifs liés à la nuit et déprécie tous les mélioratifs liés au jour. Puis étudiez le renversement qui s'opère au milieu de la nouvelle.

3 De la ligne 50 à 69 (sur les Grands Boulevards et aux Champs-Élysées), relevez toutes les occurrences du champ lexical de la lumière et montrez comment le narrateur les rend négatives.

4 Après l'errance dans le bois de Boulogne et jusqu'à son départ de la Bastille (l. 75 à 102), relevez et commentez toutes les modalisations qui témoignent de l'incertitude du héros.

5 Lorsqu'il s'arrête près de la Bourse, le héros multiplie les répétitions. Relevez-les et commentez leur effet.

6 Dans la dernière partie de la nouvelle, étudiez l'anesthésie progressive du héros : sa voix se perd, il ne voit ni n'entend rien (qu'est-ce que cela semble annoncer ?).

7 Interrogez-vous sur l'interprétation du tic-tac de sa montre par le héros, d'abord quand il le perçoit, ensuite quand il ne l'entend plus.

8 Quel effet les allitérations en [f] de la dernière ligne produisent-elles ?

Écrire

9 Récrivez les quatre premiers paragraphes (l. 1 à 25) en inversant les valeurs que le narrateur accorde au jour et à la nuit.

10 Inventez un dialogue entre le narrateur et la femme qui l'aborde près de la rue Drouot.

11 Rédigez un paragraphe consacré à l'ouverture d'une des portes auxquelles le héros sonne en vain : que ferait-il alors ?

12 Imaginez une autre fin à la nouvelle.

Chercher

13 Retrouvez sur un plan de Paris le trajet suivi par le héros : des Champs-Élysées au bois de Boulogne, puis des Halles à la rue Royale, avant de retourner aux Halles, par la Bastille puis la Bourse, et de rencontrer la Seine.

14 Quel roman de Zola est consacré aux Halles et à ses habitants ?

15 Cherchez quels vaudevilles le héros aurait pu voir en ce dernier quart du XIXe siècle.

CAUCHEMAR ?

LA NUIT

POUR COMPRENDRE

À SAVOIR

LA NOUVELLE

La Nuit est une nouvelle, c'est-à-dire un récit court qui obéit à des lois assez strictes. Au XVIIe siècle, on appelait « nouvelles » des petits récits satiriques rapportant des anecdotes de la Cour ou de Paris, mais c'est au XIXe siècle que ce genre triomphe. Les plus grands auteurs (Balzac, Nerval, Stendhal, Mérimée, Gautier, Barbey d'Aurevilly, Villiers de L'Isle-Adam, Flaubert, etc.) trouvent, dans cette forme concise, l'occasion d'écrire un petit roman, avec un nombre de personnages restreint, une intrigue soutenue par un événement majeur, et en supprimant certains moments du récit (intrigues secondaires, voyages, évolution des personnages au cours des ans, etc.). L'introduction est assez rapide : ici, le narrateur expose d'emblée une passion dont le caractère paradoxal le conduira sinon à la mort, du moins à la folie. L'épilogue des nouvelles varie de la pointe (conclusion ironique du narrateur sur un récit avec lequel il prend ses distances, comme dans *La Perspective Nevski*) au coup de théâtre moral (comme dans la nouvelle de Poe), en passant par l'incertitude : au lecteur de conclure. C'est le cas ici : le héros va-t-il mourir (et dans ce cas, comment pouvons-nous lire ce récit ?) ou sera-t-il sauvé ? Reviendra-t-il à la sagesse ou terminera-t-il ses jours, comme Maupassant, dans une clinique d'aliénés ?

On considère Edgar Poe comme le créateur de la nouvelle (la *short story*), genre auquel on pourrait appliquer ce qu'il écrit à propos de l'écriture d'un poème (*Le Corbeau*) dans sa *Méthode de composition* : commencer par « un plan soigneusement élaboré », puis construire des séquences qui se répondent tant par le ton que par les thèmes. Ici, la nouvelle est construite sur un double paradoxe : la supériorité de la « nuit joyeuse » sur le « jour brutal » et la réponse ingrate de la nuit à l'amour du héros. L'enthousiasme exacerbé de l'ouverture laisse progressivement place au désespoir, en passant par des périodes de rationalisation (« Je sais qu'on les supprime de bonne heure, avant le jour, en cette saison, par économie ») et d'abandon au désarroi (« J'allais mourir »). Le fil conducteur est cohérent – la déambulation dans la ville nocturne – et, dès les premières lignes, l'exaltation du narrateur laisse deviner une aventure délirante.

Cette nouvelle de Maupassant illustre parfaitement ce type de récit par la concision (rares en effet sont les nouvelles aussi courtes) et par la rigueur de sa composition.

LA PERSPECTIVE NEVSKI

POUR COMPRENDRE

Lire

1 Commentez les différentes catégories sociales qui nous sont présentées, de la ligne 1 à 71.

2 Relevez toutes les références aux fonctionnaires, lignes 166 à 182, et classez-les d'après la note 1 page 63.

3 Pourquoi les personnages se réduisent-ils à des bottes, des favoris ou des moustaches ?

Écrire

4 Reprenez les passages consacrés aux fonctionnaires en exprimant le point de vue sincère du narrateur qui semble plutôt critique.

5 Imaginez une courte histoire qui justifie la présence, perspective Nevski, des personnages esquissés par le narrateur, de la ligne 183 à 196.

Chercher

6 Retrouvez des reproductions des costumes portés au début du XIXe siècle : redingotes, robes à manches ballons, chapeaux, etc. Cherchez l'étymologie du mot *redingote*.

À SAVOIR

L'ironie, du grec *eirôneia* désigne d'abord l'interrogation par laquelle Socrate, philosophe grec (469-399) amenait ses interlocuteurs à comprendre leurs erreurs.

Depuis, l'ironie est un ton général qui s'appuie sur différents procédés.

On peut s'étonner d'un phénomène sans vraiment le critiquer. Ici, le narrateur indique qu'il n'a pas encore réussi à comprendre pourquoi l'on se retourne « invariablement » sur les passants pour « inspecter » leur tenue. Puis il émet une hypothèse faussement naïve : « J'ai d'abord pensé que c'étaient des cordonniers. » Le lecteur averti comprend la critique : les Pétersbourgeois sont obsédés par l'apparence : ils sont creux et cachent ce vide derrière les parures les plus imposantes.

On peut aussi feindre l'admiration : le lecteur l'interprète comme une critique. La description des moustaches, avec ses mélioratifs (« étonnantes »), ses superlatifs (« les plus suaves ») et l'anaphore (répétition d'un même terme en début de vers ou de proposition) qui rythme l'éloge, est si outrée qu'elle souligne le ridicule des soins qu'on lui porte. On peut aussi employer des antiphrases, procédé rhétorique par lequel on dit le contraire de ce que l'on pense. Dans la formule « usurier philanthrope », l'adjectif est antiphrastique, puisqu'un usurier ne songe qu'au profit qu'il tire des emprunteurs.

L'AVENTURE DE PISKARIOV

La Perspective Nevski

Lire

1 Relevez, dans les quelques répliques de Pirogov et Piskariov, ce qui caractérise leur personnalité.

2 Relevez, dans la description de la belle inconnue jusqu'à ce qu'elle arrive dans l'appartement, tous les éléments qui relèvent du champ lexical religieux.

3 Comment caractériseriez-vous les tableaux des peintres pétersbourgeois ? Appuyez-vous sur toutes les remarques concernant les peintres en général et Piskariov en particulier.

4 Citez le passage, pendant la poursuite, qui annonce, chez Piskariov, une prédisposition au rêve.

5 Étudiez le paragraphe qui précède l'arrivée du laquais (l. 449-468) : quelles hypothèses de Piskariov, concernant la belle inconnue, retrouve-t-on magnifiées dans ses rêves ?

6 Relevez, dans le récit du premier rêve, toutes les occurrences du champ lexical de la luminosité : pourquoi sont-elles si présentes ?

7 Retrouvez, dans ce récit, les éléments déjà présents dans la description de la perspective Nevski.

8 Quelles sont les remarques et les situations qui témoignent du manque d'assurance de Piskariov ?

9 Recensez toutes les raisons pour lesquelles Piskariov va perdre tout contact avec la réalité.

10 Pourquoi son projet de mariage était-il forcément voué à l'échec ?

Écrire

11 Imaginez une explication qui ferait du rêve de Piskariov une réalité. Quel secret la belle inconnue aurait-elle pu avouer à Piskariov pour justifier sa présence parmi les prostituées ?

12 Le narrateur résume « l'exhortation sentencieuse » de Piskariov : rédigez-la à partir de ses réflexions lorsqu'il conçoit son projet de mariage.

13 Rédigez l'épitaphe (l'inscription gravée sur une tombe) de Piskariov.

Chercher

14 Trouvez, dans une encyclopédie, des reproductions de madones du Pérugin, à défaut de la fameuse Bianca.

15 Retrouvez, dans une des œuvres de Balzac ou de Flaubert, des scènes de bal.

16 Retrouvez les œuvres de Balzac et de Zola consacrées à un peintre.

LA PERSPECTIVE NEVSKI

À SAVOIR

POUR COMPRENDRE

LE RÊVE

La description d'un rêve s'insère souvent dans les romans et les nouvelles. Si le narrateur maintient l'ambiguïté (est-ce un rêve ou une réalité extraordinaire ?), il reste dans le cadre du fantastique. Ici, le narrateur établit un parallèle avec Pirogov. Autant ce dernier aurait voulu que sa mésaventure cauchemardesque ne fût qu'un rêve, autant Piskariov aurait désiré que son rêve devînt réalité.

Pour conférer de la vraisemblance au rêve, le narrateur s'appuie sur des descriptions réalistes (les invités du bal, les salons), il sollicite les sens (vue, ouïe, odorat, toucher) et construit un schéma actanciel (enchaînement de séquences) : invitation, départ, arrivée, déambulation et rencontres diverses. Il esquisse des dialogues qui animent le récit. Enfin, le héros raisonne et ne se soumet pas d'emblée à l'invraisemblable : (« il réfléchissait sans parvenir à résoudre ce mystère... »).

Le climat onirique (du grec *oneiros*, « rêve ») est suggéré par divers procédés :
– les modalisations mettent en doute la réalité des événements : « Il lui semblait qu'un démon... » ;
– les hyperboles (« quel paradis ! »), les superlatifs (« L'une des danseuses les dépassait toutes »), les intensifs (l'anaphore des « si » et des « tant » dans la description des danseuses), les mélioratifs (« admirables, magnifiques, éblouissante », etc.) indiquent l'invraisemblance de ce qui est rapporté autant que l'admiration éperdue du héros ;
– des adverbes de temps dramatisent le récit (« soudain, brusquement ») et les mouvements du héros s'accélèrent (Piskariov « s'engouffre, fend la foule, bouscule, se précipite », etc.) ;
– le sentiment d'oppression et la sensation d'être ridicule sont des constantes du rêve : « Il était si comprimé par la foule... ; Il portait une redingote maculée de peinture... ; Il rougit jusqu'aux oreilles » ;
– Enfin, les perceptions sensorielles restent floues : la lumière éblouit, les couleurs sont incertaines, les sons varient (« La musique semblait s'éteindre, puis éclatait ») et le héros ne comprend pas les propos échangés (en français, en anglais et dans « une langue que Piskariov ne connaissait pas »).

Tous ces procédés, combinés avec quelques détails réalistes et logiques, maintiennent le lecteur dans cette incertitude propre au fantastique.

L'AVENTURE DE PIROGOV

LA PERSPECTIVE NEVSKI

POUR COMPRENDRE

Lire

1 Pourquoi Pirogov est-il, dès le début, si assuré de conquérir la « belle blonde » ?

2 Pensez-vous que le narrateur apprécie sincèrement les qualités des officiers que Pirogov fréquente ?

3 Relevez tous les « clichés » concernant la nationalité allemande.

4 Comment, dans les deux scènes d'ivresse de Schiller, Pirogov finit-il par justifier sa lâcheté ?

5 En quoi le dernier paragraphe du récit reprend-il les éléments clefs des deux aventures ?

Écrire

6 Rédigez la plainte que Pirogov aurait voulu déposer auprès de l'État-Major.

7 Imaginez que Piskariov ait suivi la belle Allemande.

Chercher

8 Lisez une nouvelle fantastique de « l'écrivain Hoffmann ».

À SAVOIR

LA CARICATURE

La caricature apparaît dans les récits satiriques et dans les récits fantastiques. Elle vise soit à critiquer en grossissant les traits, soit à effrayer en rendant la réalité monstrueuse. Elle s'appuie toujours sur des éléments réels qu'elle choisit pour leur signification symbolique ou pour leur aspect comique. Ici, le nez de Schiller devient un personnage : il ruine son maître qui veut lui ôter la vie. La caricature vise Schiller, comme emblème des commerçants allemands. Sa méticulosité vire à l'obsession ; il compte ses baisers comme ses roubles. Ce trait maniaque apparaît dès son premier discours, où il additionne mots et chiffres, dans une confusion alcoolique. La caricature de Schiller en masque une autre, plus subtile : celle de Pirogov et de son milieu. Gogol reprend les clichés des Russes concernant les Allemands et fait rire dans un récit farcesque. Mais il dénonce implicitement les officiers russes qui se croient supérieurs à ces artisans : si son uniforme l'avantage, Pirogov n'a aucune personnalité ; il prétend séduire mais échoue lamentablement. Sa vanité s'associe à la lâcheté (deux pâtés et quelques mazurkas suffisent à lui faire oublier sa vengeance).

LE FANTASTIQUE

Le fantastique est un genre à part qui brode sur le surnaturel à une époque où le doute et le rationalisme tendent à l'emporter. On a théorisé le phénomène, mais les extraits les plus courts en disent encore plus long : l'essentiel demeure dans ce délicieux frisson qui, dès les premières lignes, nous attache à un récit que nous ne pouvons plus quitter.

Nous vous présentons d'abord quelques extraits d'essais théoriques consacrés au genre fantastique, afin de vous permettre de mieux saisir, dans les extraits qui les suivent (unis par le thème de la « main diabolique »), la spécificité du fantastique (Maupassant) par rapport aux genres voisins que sont le merveilleux (Nerval) et l'étrange (Nodier).

Guy de Maupassant (1850-1893)

Extrait d'un article paru dans *Le Gaulois*, le 7 octobre 1883.

Quand l'homme croyait sans hésitation, les écrivains fantastiques ne prenaient point de précautions pour dérouler leurs surprenantes histoires. Ils entraient, du premier coup, dans l'impossible, et y demeuraient, variant à l'infini les combinaisons invraisemblables, les apparitions, toutes les ruses effrayantes pour enfanter l'épouvante.

Mais quand le doute eut pénétré enfin dans les esprits, l'art est devenu plus subtil. L'écrivain a cherché des nuances, a rôdé autour du surnaturel plutôt que d'y pénétrer. Il a trouvé des effets terribles en demeurant dans la limite du possible, en jetant les âmes dans l'hésitation, dans l'effarement. Le lecteur indécis ne savait plus, perdait pied comme en une eau dont le fond manque à tout instant, se raccrochait brusquement au réel pour s'enfoncer encore tout aussitôt, et se débattre de nouveau dans une confusion pénible et enfiévrante comme un cauchemar.

L'extraordinaire puissance terrifiante d'Hoffmann et d'Edgar Poe vient de cette habileté savante, de cette façon particulière de coudoyer le fantastique et de troubler, avec des faits naturels où reste pourtant quelque chose d'inexpliqué et de presque impossible.

Roger Caillois

« De la féerie à la science-fiction », *in : Anthologie de la littérature fantastique*, Gallimard, 1966.

Le féerique est un univers merveilleux qui s'ajoute au monde réel sans lui porter atteinte ni en détruire la cohérence. [...]

Le fantastique naît au moment où chacun est plus ou moins persuadé de l'impossibilité du miracle. Si désormais le prodige fait peur, c'est que la science le bannit et qu'on le sait inadmissible, effroyable. [...] Le fantastique manifeste un scandale, une déchirure, une irruption insolite, presque insupportable, dans le monde réel. [...] Dans le fantastique, le surnaturel apparaît comme une rupture de la cohérence universelle. Le prodige y devient une agression interdite, menaçante, qui brise la stabilité d'un monde dont les lois étaient jusqu'alors tenues pour rigoureuses et immuables.

Tzvetan Todorov

Introduction à la littérature fantastique, Le Seuil, 1970.

Dans un monde qui est bien le nôtre, celui que nous connaissons, sans diables, sylphides, ni vampires, se produit un événement qui ne peut s'expliquer par les lois de ce même monde familier. Celui qui perçoit l'événement doit opter pour l'une des deux solutions possibles : ou bien il s'agit d'une illusion des sens, d'un produit de l'imagination et les lois du monde restent alors ce qu'elles sont ; ou bien l'événement a véritablement eu lieu, il est partie intégrante de la réalité, mais alors cette réalité est régie par des lois inconnues de nous. Ou bien le Diable est une illusion, un être imaginaire ; ou bien il existe réellement, tout comme les autres êtres vivants, avec cette réserve qu'on le rencontre rarement.

Le fantastique occupe le temps de cette incertitude ; dès qu'on choisit l'une ou l'autre réponse, on quitte le fantastique pour entrer dans un genre voisin : l'étrange ou le merveilleux.

Gérard de Nerval (1808-1855)

La Main enchantée (1852)

Eustache Bouteroue conclut sans y croire un pacte avec maître Gonin : sa main lui permettra des prodiges s'il accepte de la léguer au magicien. Mais il finit sur l'échafaud où le bourreau s'étonne de voir la main du pendu frétiller quand maître Gonin se montre à la fenêtre du Château des Gaillard qui surplombe l'échafaud.

L'exécuteur replanta son échelle, tâta aux pieds du pendu derrière les chevilles : le pouls ne battait plus ; il coupa une artère, le sang ne jaillit point, et le bras continuait cependant ses mouvements désordonnés.

L'homme rouge ne s'étonnait pas de peu ; il se mit en devoir de remonter sur les épaules de son sujet aux grandes huées des assistants ; mais la main traita son visage bourgeonné avec la même irrévérence qu'elle avait montrée à l'égard de maître Chevassut[1], si bien que cet

---

1. Le juge auquel le héros voulait confesser son crime, après avoir tué son adversaire lors d'un duel, et qu'il gifla malgré lui à plusieurs reprises, ce qui décida évidemment de sa condamnation à mort.

homme tira, en jurant Dieu, un large couteau qu'il portait toujours sous ses vêtements, et en deux coups abattit la main possédée.

Elle fit un bond prodigieux et tomba sanglante au milieu de la foule, qui se divisa avec frayeur ; alors, faisant encore plusieurs bonds par l'élasticité de ses doigts, et comme chacun lui ouvrait un large passage, elle se trouva bientôt au pied de la tourelle du Château-Gaillard ; puis, s'accrochant encore par ses doigts, comme un crabe aux aspérités de la muraille, elle monta ainsi jusqu'à l'embrasure où le bohémien l'attendait.

Charles Nodier (1780-1844)

La Fée aux miettes (1832)

Le héros voit en rêve des formes monstrueuses qui semblent provenir d'un portefeuille que son compagnon de lit a glissé sous l'oreiller.

Et pendant que je suspendais ma respiration pour écouter, le globe lumineux d'une lanterne dont je sentais presque la chaleur me perça de rayons ardents qui s'enfonçaient entre mes paupières, comme des coins de feu ; car, dans l'agitation vague du sommeil à peine interrompu, je m'étais retourné machinalement vers l'intérieur de la chambre. Je vis alors, chose horrible à penser, quatre têtes énormes qui s'élevaient au-dessus de la lanterne flamboyante, comme si elles étaient parties d'un même corps, et sur lesquelles sa clarté se reflétait avec autant d'éclat que si elle avait eu deux foyers opposés. C'étaient vraiment des figures extraordinaires et formidables ! [...] Derrière ces trois têtes, – et ceci était hideux –, se dressait une tête d'homme ou de quelque autre monstre, qui passait les autres de beaucoup, et dont les traits, disposés à l'inverse des nôtres, semblaient avoir changé entre eux d'attributions et d'organes comme de place, de sorte que ses yeux grinçaient à droite et à gauche des dents aussi stridentes qu'un fer réfractaire sous la lime d'un serrurier, et que sa bouche démesurée, dont les lèvres se tordaient en affreuses convulsions, à la manière des prunelles d'un épileptique, me menaçait d'œillades foudroyantes. Il me parut qu'elle était soutenue d'en bas par une large main qui s'était fortement nouée à ses cheveux et la brandissait comme un hochet épouvantable pour amuser une multitude furieuse attachée par les pieds aux lambris des plafonds qu'elle faisait crier sous ses trépignements, et qui battait vers nous ses milliers de mains pendantes en signe d'applaudissements et de joie.

Guy de Maupassant (1850-1893)

La Main d'écorché (1875)

Le narrateur se rend à l'enterrement d'un ami qui semble avoir succombé à l'agression d'une main d'écorché dont il avait fait, par provocation, sa sonnette et que l'on ne retrouva pas après sa mort.

Je me promenais tristement avec le vieux curé, qui lui avait donné ses premières leçons, dans le petit cimetière où l'on creusait sa tombe. Il faisait un temps magnifique, le ciel tout bleu ruisselait de lumière ; les oiseaux chantaient dans les ronces du talus, où bien des fois, enfants tous deux, nous étions venus manger des mûres. Il me semblait encore le voir se faufiler le long de la haie et se glisser par le petit trou que je connaissais bien, là-bas, tout au bout du terrain où l'on enterre les pauvres ; puis nous revenions à la maison, les joues et les lèvres noires du jus des fruits que nous avions mangés ; et je regardai les ronces, elles étaient couvertes de mûres, machinalement j'en pris une, et je la portai à ma bouche, le curé avait ouvert son bréviaire et marmottait tout bas ses *oremus*[2], et j'en-

---

2. Mot latin qui signifie « prions » et que le prêtre prononce au cours de la messe en se tournant vers les fidèles ; prière, oraison.

tendais au bout de l'allée la bâche des fossoyeurs qui creusaient la tombe. Tout à coup ils nous appelèrent, le curé ferma son livre et nous allâmes voir ce qu'ils nous voulaient. Ils avaient trouvé un cercueil, d'un coup de pioche ils firent sauter le couvercle, et nous aperçûmes un squelette démesurément long, couché sur le dos, qui de son œil creux semblait encore nous regarder et nous défier ; j'éprouvais un malaise, je ne sais pourquoi, j'eus presque peur. « Tiens, s'écria un des hommes, regardez donc, le gredin a le poignet coupé, voilà sa main. » Et il ramassa à côté du corps une grande main desséchée qu'il nous présenta. « Dis donc, fit l'autre en riant, on dirait qu'il te regarde et qu'il va te sauter à la gorge pour que tu lui rendes sa main. – Allons, mes amis, dit le curé, laissez les morts en paix et refermez ce cercueil, nous creuserons autre part la tombe de ce pauvre Monsieur Pierre. »

BIBLIOGRAPHIE

• Essais sur la littérature fantastique

– Roger Caillois, *Anthologie du fantastique*, Gallimard, 1966.
– Pierre-Georges Castex, *Le Conte fantastique en France de Nodier à Maupassant*, Corti, 1951 ; *Anthologie du conte fantastique*, Corti, 1987.
– Jacques Goimard et Roland Stragliati, *La Grande Anthologie du fantastique*, Presses Pocket, 1977, 8 volumes.
– Joël Malrieu, *Le Fantastique*, Hachette, 1992.
– Jean-Luc Steinmetz, *La Littérature fantastique*, « Que sais-je ? », P. U. F., 1990.
– Tzvetan Todorov, *Introduction à la littérature fantastique*, Le Seuil, 1970.

• Revues

– *Le Magazine littéraire* n° 66 (sur la littérature fantastique).
– *Sciences et Avenir* n° 123 (sur les animaux fantastiques).

• Romans ou nouvelles fantastiques

– H. de Balzac, *La Peau de chagrin*, 1831.
– J. Barbey d'Aurevilly, *Les Diaboliques*, 1874.
– C. Doyle, *Mystères et Aventures*, 1889.
– T. Gautier, *La Morte amoureuse*, 1836.
– N. Gogol, *Les Récits de Saint-Pétersbourg*, 1835.
– H. James, *Le Tour d'écrou*, 1898.
– Lewis, *Le Moine*, 1785.
– G. de Maupassant, « *Le Horla* » et *Autres Nouvelles*, 1887.
– E. A. Poe, *Histoires extraordinaires*, 1840, et *Nouvelles Histoires extraordinaires*, 1845.
– A. Pouchkine, *La Dame de pique*, 1834.
– R. L. Stevenson : *Docteur Jekyll et Mister Hyde*, 1886.
– A. Villiers de L'Isle-Adam, *Contes cruels*, 1883.

FILMOGRAPHIE

• Films expressionnistes allemands

– *Le Cabinet du docteur Caligari*, R. Wiene, 1919.
– *Nosferatu*, F. W. Murnau, 1922.

• Films américains

– *Dracula*, T. Browning, 1931.
– *Frankenstein*, J. Whale, 1931.
– *Docteur Jekyll et Mister Hyde*, R. Mamoulian, 1932.

– *Les Chasses du comte Zaroff*, E. Schœdsack et M. Cooper, 1932.
– *Rosemary's Baby*, R. Polanski, 1968.
– *La Nuit des morts vivants*, G. Romero, 1968.
– *L'Exorciste*, W. Friedkin, 1973.
– *Frankenstein Junior*, M. Brooks, 1974.
– *Carrie*, B. de Palma, d'après S. King, 1976.
– *Halloween*, J. Carpenter, 1978.
– *Amityville*, S. Rosenberg, 1979.
– *Shining*, S. Kubrick, d'après S. King, 1980.
– *Le Jour des morts vivants*, G. A. Romero, 1985.
– *Dracula*, F. F. Coppola, 1992.

• Films français
– *Les Visiteurs du soir*, M. Carné, 1942.
– *La Main du Diable*, M. Tourneur, 1943.
– *La Belle et la Bête*, J. Cocteau, 1945.
– *Le Horla*, J-D. Pollet, 1966.

SITES INTERNET

• Sites sur G. de Maupassant :
– *http://www.France.diplomatie.fr/culture/France/biblio/folio/textes/ maupassant.doc* : biographie, bibliographie et filmographie.

– *http://maupassant.free.fr* : textes en ligne, biographie, extraits de correspondances, photographies.

• Site sur N. Gogol :
– *http://www.russie.net* : large panorama d'écrivains russes.

• Sites sur G. de Nerval :
– *http://poetes.com/romantisme* : site consacré aux poètes romantiques ainsi qu'à Verlaine, Rimbaud. Œuvres en ligne. Bibliographie. Photographies de l'univers nervalien.

– *httpp://philippe.lavergne.free.fr/nervaweb.htm* : textes et études diverses.

• Site sur E. A. Poe :
– *http://www.comnet.ca/~forrest/* : site officiel consacré à Poe et à la maison dans laquelle il vécut à Philadelphie.

Classiques & Contemporains

SÉRIES COLLÈGE ET LYCÉE

Couverture
Conception graphique : Marie-Astrid Bailly-Maître
Photo : « Montmartre, la nuit »
Roger-Viollet, © collection Viollet
Intérieur
Conception graphique : Marie-Astrid Bailly-Maître
Réalisation : Nord Compo, Villeneuve d'Ascq

© **Éditions Magnard, 2001 – Paris**

www.magnard.fr